JN144363

大阪の被差別部落の民話

おはなし　おかわり

被差別部落の昔話制作実行委員会 編著
岡島礼子 絵

解放出版社

発刊《はっかん》にあたって

私たちは、二〇一二年一二月、富田林若一《とんだばやしわかいち》が河内水平社《かわちすいへいしゃ》創立九〇周年記念『ふるさと探訪 若一の民話 富田むかしばなし』を発刊したことをきっかけに、大阪府内の被差別部落に伝わる昔話を残そうと、二〇一三年八月、有志が集まり、被差別部落の昔話制作実行委員会を結成いたしました。

今、この時期をのがすと、大阪府内・大阪市内の各地域の昔話は埋もれ、消えてしまいかねない状況になっております。それぞれの地域では、これまで、識字《しきじ》教室や保育・教育、女性、高齢者の活動を通じて、詩や演劇、さらには絵本や紙芝居《かみしばい》などが作られてきました。活動を続けてきた場所が次々と閉鎖され、貴重な資料も散逸しかねないことを危惧《きぐ》しております。

そこでこのたび、大阪府内・大阪市内の被差別部落に伝わる「昔話」「伝説」「世間話」などを、次世代の子どもたちに語り継いでいただくことを願い、一冊の本にいたしました。

この本は、単に昔をなつかしむというだけではありません。一九九〇年ごろから、格差が加速度的に拡大しています。市場原理があらゆる分野に浸透し、優勝劣敗の競争社会になり、助け合うことよりも、競争に勝ち抜くことが重視されています。その結果、人びとがバラバラに切り離され、協同・連帯を大切にする作風が急速にしぼんできています。そのような社会を変えていくにも、競争ではなく、連帯を重視する生き方をみんなで共有していく必要があるでしょう。

そうしたことからも、ここに収録した昔話がもっている価値観や人間観が今ほど重要になっている時代はありません。昔話を通して、豊かな感性と人を思いやる心を再発見し、それを次世代の子どもたちが、しっかりと受け継いでいってくれることを願っています。

二〇一六年　初秋

被差別部落の昔話制作実行委員会代表　野口道彦

おはなし　おかわり　大阪の被差別部落の民話　もくじ

発刊《はっかん》にあたって　3

亥《い》の子の晩《ばん》に重箱《じゅうばこ》ひろて　北摂《ほくせつ》に伝わる話　9

亥の子やらんか　10
かくれ里　15
十字のテントウバナ　19
飛脚《ひきゃく》と大天狗《おおてんぐ》　24
どっちがほんま　29
牛どろぼう　33
卒塔婆《そとば》の子　38

そうれんみち　43
白いみーさん　48

ねんねころいち天満《てんま》の市で
大阪市内に伝わる話　53

きつねのやいと　54
ふるさと「じょう」慕情《ぼじょう》　59
唐臼《からうす》のお地蔵《じぞう》さん　63
石橋をたたいて渡《わた》れ　67
夫婦《めおと》いちょう　71
西濱《にしはま》の太鼓物語《たいこものがたり》　76
ベレー帽《ぼう》のおっちゃん　80
はだかでワッショイ！　84
ごん太地蔵　88

ええらさんの牛　93
水ふきいちょう　97

朝の出がけに扇《おうぎ》をひろて　北・中・南河内《かわち》に伝わる話

朝の出がけに扇《おうぎ》をひろて　北・中・南河内《かわち》に伝わる話　101
大きな狛犬《こまいぬ》　102
ひよこ売り　107
おもろいおっちゃん　111
広い空のもとで　116
たかおのトンド　119
大きなくすのき　123
戦《せん》火《か》をくぐったお地蔵さん　128
炎《ほのお》のごとく　糸若柳子《いとわかりゅうこ》　132
こんにゃく橋　137

ひよひよと鳴くはひよどり
泉州《せんしゅう》に伝わる話 141

おかん 142
六部《りくぶ》の千年機《せんねんばた》 147
真夜中《まよなか》の盆踊《ぼんおど》り 152
弘法《こうぼう》さまの杓井戸《しゃくいど》 157
杓井戸に落《お》ちたかみなり 161
戦場《せんじょう》の盆踊り 165
三つの音頭《おんど》 169
虹色《にじいろ》のセーター 173
被差別部落《ひさべつぶらく》に伝《つた》わる民話《みんわ》うらばなし 179
あとがき 194
参考文献《さんこうぶんけん》 196

亥《い》の子の晩《ばん》に重箱《じゅうばこ》ひろて

北摂《ほくせつ》に伝わる話

亥《い》の子やらんか

「亥の子*のぼたもち、いわいましょ。ひとつやふたつじゃ、たりません。おひつにいっぱい、いわいましょ」

能勢《のせ》の山あいにある、稲刈《いねか》りのすんだ田んぼのあぜ道を、子どもらの一団《いちだん》が、歌いながら歩いてきた。

「おっ、来よった！　来よったぞ！」

ひとっさんの家は峠《とうげ》の坂道の上《のぼ》り口にあったので、いの一番にやってくる。お菓子《かし》と小銭《こぜに》を用意して、玄関《げんかん》先で待っていると、いのししの頭《かしら》をかぶった子が踊《おど》りだした。ほかの子も、手に手につちこ*を持って、太鼓《たいこ》や鉦《かね》を鳴《な》らしながら歌った。

「ごくろうさん、このお菓子はな、みんなで分けや」

「おっちゃん、おおきに！」「気ぃつけて、回るんやで」

亥の子…稲刈りのすんだ旧暦一〇月の亥の日におこなう刈り上げの行事。

つちこ…小槌《こづち》。藁《わら》を束ねて、細い縄を巻いたもの。それで地面をたたいて歩く。大地の生産力を高めようという呪術的な意味あいがある。

子どもらを見送るひとっさんの脳裏《のうり》に、自分の子ども時分《じぶん》のことが、ありありと思い出されてきた。

　そのころ村は、三十軒《けん》ほどの、百人おるかおらんの村で、村じゅうが知り合いやった。百姓《ひゃくしょう》だけでは生活できんので、山仕事に炭焼《すみや》き、冬は寒天《かんてん》づくりの職人《しょくにん》をしたり、日雇《ひやと》いで土木工事に出かけたりしていた。雨の日は仕事がないし、大雨が降《ふ》ると山がくずれて、峠の道ぞいにある家はつぶされる。

「亥《い》の子」どころやなかったなぁ。

「よその村の亥の子、指《ゆび》くわえて見てるだけや」

ひとっさんは、むかし聞き覚《おぼ》えた亥の子唄《うた》をなつかしむように口ずさんだ。

「亥の子の晩《ばん》に、ぼたもちせんうちは、犬か猫《ねこ》か、空立つ鳥か」


ひとっさんは、高校へいくと、部落問題研究会《ぶらくもんだいけんきゅうかい》に入ったけれど、大学を出て中堅《ちゅうけん》の商社《しょうしゃ》に就職《しゅうしょく》してからは、

故郷《ふるさと》のことは心にふたをして、村から出てサラリーマン生活を送っていた。

そんなひとっさんが三十歳《さい》になったとき、転機《てんき》が訪《おとず》れた。

つきあっていた彼女の実家《じっか》へ、結婚《けっこん》の許《ゆる》しをもらいにいくことになり、彼女にも、自分の生まれたところを打ち明けられずに、ずうっと悩《なや》みつづけていた。

「おれが部落で生まれ育ったことがわかったら、反対されるんとちがうやろか……」

ところが、彼女の家の近くまで来たとき、なんと、ここも部落だということがわかった。うそのように、気持ちが軽くなった。

「出身を隠《かく》してたら、いつバレるやろかと、びくびくしとった。出身を隠さんでもええようにならんと！」

結婚をきっかけに、長いあいだ心にしまいこんでいた部落問題に、本気で向き合おうと決心した。

それからや。ひとっさんは、山あいの村をなんとかしようと、いっしょうけんめい活動《かつどう》するようになった。

数年後、故郷はガラッと変わった。くずれやすかった峠道《とうげみち》はしっかりと舗装《ほそう》され、バラックの家はじょうぶに建《た》てかわった。

村の生活が落ち着いてくると、だれからともなく、

「亥《い》の子、やらんかぁ」という声がおこった。

「そやそや、男の子だけやなしに、女の子も入れよな！」

ようやく、この村でも、亥の子の祭《まつ》りができるようになった。見ちがえるように生まれ変わった村を見渡《わた》しながら、ひとっさんは、自分に言い聞かせた。

「これで終わりやない。これからは、峠《とうげ》のこっちとあっち、おたがいの心の中に橋をかけていかんとな」

語りのヒント

一九六五年に「部落差別撤廃は国や地方公共団体、国民の責務である」という内閣府「同和対策審議会答申」（同対審答申）が出され、その四年後、対応のため「同和対策事業特別措置法」という法律ができました。この法律は、名称を変えながらも三十三年間続きました。村には差別と闘う組織もでき、児童館が建設され、道路が整備され、住宅もずいぶん改善されて、環境が一変しました。

かくれ里

むかし、ある夏の夕ぐれ、粗末《そまつ》な身なりをした目の見えない僧《そう》がひとり、琵琶《びわ》を背負《せお》い、能勢《のせ》の里へやって来た。僧は方々《ほうぼう》をさすらい歩き、演奏《えんそう》と語りをする琵琶法師《ほうし》*であった。

「やれやれ、里に着いたようだ。どこか泊《と》めてもらえまいか」

法師が里の入り口でひと息入れていると、カシャカシャカシャ、かすかによろいのこすれあう音が近づいてきた。

「尊《とうと》いお方がそなたの琵琶を望《のぞ》んでおられる。ついてまいれ」

「はぁ、よろしゅうございます」

武将《ぶしょう》に手を引かれ、しばらく急な山道を登っていくと、広場に着いたようだった。

「そこへ座《すわ》られよ」

腰をおろすと、前のほうから、

琵琶法師…琵琶を演奏する僧侶、または僧体の芸能者をいい、のちに琵琶演奏を専業とする人の俗称として用いられた。

「ひとつ『平家物語《へいけものがたり》』を、語ってはもらえまいか」
と、おごそかな声が響《ひび》いてきた。法師《ほうし》は一礼《いちれい》し、琵琶《びわ》をひざにのせ、胸の前で鳴《な》らしはじめた。

ベン、ベッベン、ベンベンベンベン……。

「祇園精舎《ぎおんしょうじゃ》の鐘《かね》の声、諸行無常《しょぎょうむじょう》の響《ひび》きあり、沙羅双樹《さらそうじゅ》の花の色、盛者必衰《じょうしゃひっすい》の理《ことわり》をあらわす」

低くうなる法師の声が、夜のしじまを破《やぶ》り、あたりは静まり返った。

「驕《おご》れる者は久しからず、ただ春の夜《よ》の夢《ゆめ》の如《ごと》し」

法師の声はいちだんと高くなり、あちこちから、すすり泣《な》きが聞こえはじめた。そして、幼《おさな》い安徳天皇《あんとくてんのう》が、水底《みなぞこ》深く沈《しず》んでいくところに差《さ》しかかったところで、ぱたりと琵琶が止《や》んだ。「平家物語」は、ここで終わった。

「まことに、よい語りであった。礼《れい》はできんが、まんじゅうなり、持ち帰られよ」

案内してきた武将《ぶしょう》が、紙に包《つつ》んだものを差《さ》し出し、法師を馬に乗せた。

坂を下《くだ》る馬からふり落とされぬよう、法師は必死でつかまっていたが、そのうち疲《つか》れから、うつらうつらと眠《ねむ》ってしまい、気がつくとすでに夜はあけ、ふもとに下りたようだった。

「やあい、ぼうずがイノシシに乗ってらあ!」

子どもらのはやしたてる声に、法師は驚《おどろ》いた。馬とばっかり思っていたのは、じつはイノシシだったのだ。

「はて、夢《ゆめ》であったのだろうか?」

ふところをまさぐると、たしかにまんじゅうがあった。

そのころ、山の上のお社《やしろ》では、村人たちが大さわぎをしていた。境内《けいだい》に、たくさんの足あとがついていたからだ。

「おい！　まんじゅうがひとつ残らず無《の》うなっておる」

「え〜っ！　きのう供《そな》えたばっかりやぞ」

「夕べここで、何かあったんか」

その時、お社《やしろ》にまつられた平家《へいけ》のけらいの像《ぞう》が、にんまりほほえんでいたが、だれひとり気づいたものはいなかった。

ベベン、ベンベンベン！

語りのヒント

この村には、安徳天皇を祀ったお社があります。源氏に追われて、ついには壇ノ浦で入水《じゅすい》したといわれている安徳天皇が、この地へ逃れてきたのが八歳。十歳までこの地に住まわれ、ここで亡くなられたと、言い伝えています。平家落ち武者の隠れ里の伝承のあるこの村では、政権を獲得した源氏のきびしい追及と弾圧のなかを、堂々と安徳天皇を祭神《さいじん》に掲げ、人間としての誇りを失わず生きてきた歴史があります。

十字のテントウバナ

昔むかし、丹波《たんば》に近い小さな山里に、ひとりの若者《わかもの》が、峠《とうげ》をこえてやってきた。若者は、村はずれにある家に着くなり、ばったり倒《たお》れ、動けなくなってしまった。

「旅のお方《かた》、しっかりなされ！」

その家の年寄《よ》り夫婦《ふうふ》が助けおこすと、着物はあちこち破《やぶ》れ、体じゅう傷《きず》だらけになっていた。傷の手当《てあ》てをし、ご飯《はん》を食べさせてやると、じきに若者は元気になった。

若者は「留吉《とめきち》」と名のり、お礼に畑仕事を手伝った。

その夜、留吉は、年寄り夫婦にむかい、深々《ふかぶか》と頭を下げ、

「このまま何も聞かずに、ここにおいてください」

と、頼《たの》んだ。もとより、子どものない夫婦は、大喜び。

「わしらにも家族がふえた」

働《はたら》き者で親切な留吉《とめきち》は、村にもすっかりなじんでいった。

ところが、ひとつだけ、留吉にはおかしなところがあった。あたりがうす暗くなってくると、北の空を見上げ、胸《むね》の前で両手を組んで、何やらぶつぶつぶつぶつ、唱《とな》えているふうだ。

「留吉よ。いったい、何をしておるのか、教えてくれ」

「どうか、そっとしておいてください。お役人《やくにん》に知れたら、命が危《あや》うくなるので」

留吉のただならぬ様子に、年寄《よ》り夫婦《ふうふ》は不安になった。

またたくまに、三年の月日が過《す》ぎた。ある夜、留吉は、

「これから話すことは、絶対《ぜったい》、お役人の耳には入れないでほしいのです」

と、前置《まえお》きし、静かに語りはじめた。

「じつは、私は、デウスさまの教えを信じるキリシタン*なのです。毎日欠《か》かさずお祈《いの》りし

キリシタン…吉利支丹（ポルトガル語）という言葉は、戦国時代から江戸時代、さらには明治の初めごろまで使われていた。「キリスト教徒」という意味。

ているのは、デウス*さまの教えです」

「ほおー、デウスの教えとやらは、聞いたことがないな」

「人は生まれながらに、貴《とうと》いとかいやしいとかの区別《くべつ》がなく、デウスさまの前ではみな同じです」

「そうか？　わしら、生まれてこの方、いやしいやつらじゃと言われとるぞ」

「生まれたときはみな同じ。おかしいとは思いませんか」

「同じということであれば、聞くが、山の木を切ったり運んだりする力仕事は、わしらの村のもんがしておる。しかし、どういうわけか山菜《さんさい》や山のめぐみのきのこを勝手《かって》にとってはならん、と決められとる。おまえはどう思う？」

「むごい仕うちです。どんなに働《はたら》いても、貧《まず》しいままではありませんか。デウスさまは、貧しきものには天国に大きな喜びが待っていると言われているのです」

「なるほど！　そんなありがたい教えを、わしらはこれまで知らなんだ。さっそく、村の衆《しゅう》にも教えてやらんとな」

それからというもの、夜がふけると、村の衆は密《ひそ》かに集まり、留吉の言葉に、耳を傾《かたむ》けるようになった。デウスの教えは、うちひしがれた村人の心をなぐさめ、生きる希望《きぼう》を

*デウス…「deus」「Deus」。ラテン語で神を表す言葉。日本では戦国時代末期、キリシタンの時代に、キリスト教のDeusを日本語で呼ぶのに、「デウス」といった。

与えた。

やがて留吉《とめきち》は、村の娘《むすめ》と所帯《しょたい》をもち、子どもも生まれたが、生涯《しょうがい》、自分がどこから来たのか、明かすことはなかった。

徳川《とくがわ》の天下になると、デウスの教えは厳《きび》しく禁じられた。

村人は、人前《ひとまえ》で賛美歌《さんびか》を歌ったり十字を切って祈《いの》るのを、一切《いっさい》やめた。隠《かく》れキリシタン*となった村人は、十字架《か》を村の寺の仏《ほとけ》さまの中に隠《かく》し、観音《かんのん》さまをマリアさまにして、念仏《ねんぶつ》を唱《とな》えるふりをしながら、祈りをささげた。

そうそう、このあたり一帯《いったい》で祝《いわ》う、四月八日の「花祭《まつ》り」*には、家の前に、山からつんできたつつじやふじを、さおの先にさした「テントウバナ」*というのを飾《かざ》るんや。村人は、それもうまいこと、十字架に見立てた。

隠れキリシタン…江戸幕府による禁教令ののち、強制改宗により仏教を信仰していると見せかけ、キリスト教（カトリック）を偽装棄教したキリスト教信者。

花祭り…仏教の開祖、釈迦の生誕を祝福しておこなう仏教法会。

テントウバナ…天道花。四月八日、山からつつじやふじなどの花を採ってきて、高いさおの先に結んで立てる、農耕の開始にあたり、田の神を迎えるしるし。

よく見ると、竹ざおの上のほうに、もう一本、短く竹を組んで十字にして、そこへも花をさした。

こうして、密《ひそ》かに信仰《しんこう》を守り伝《つた》えてきたんや。

飛脚《ひきゃく》と大天狗《おおてんぐ》

昔むかし、北摂《ほくせつ》の西国街道《さいごくかいどう》ぞいに、とても小さな村があった。村のすぐ裏《うら》には、深い深い山が続いていた。

この村にさだ吉という評判《ひょうばん》の飛脚《ひきゃく》がいた。さだ吉は、朝、お客から頼《たの》まれた手紙や品物を、山を越《こ》え谷を渡《わた》り、丹波《たんば》、京など遠くへも、その日のうちに届《とど》けることができた。

ある年の一月九日の朝、ひとりのおばあさんが、ぽっくり亡《な》くなった。身よりといえば、丹波に嫁《とつ》いだひとり娘《むすめ》だけ。ひと晩《ばん》おばあさんを置《お》いておくにしても、明日かあさってには、野辺《のべ》の送り*をすまさなあかん。

「だれぞ、娘の嫁ぎ先に、知らせに行くもんはおらんか」

「そや！　さだ吉なら、今日《きょう》じゅうに知らせてくれるやろ」

*野辺の送り…葬式のこと。

「おやすい御用《ごよう》や！」

さだ吉は、すぐに出かけていった。

丹波へは、いくつもの山や峠《とうげ》を越えていくが、一カ所だけ、「絶対《ぜったい》に、九のつく日に入ってはならん」という山があった。

さだ吉は、走りに走って、ちょうど昼ごろ、ある山のてっぺんにつき、杉の大木の根元《ねもと》に腰《こし》かけた。運の悪いことに、ここはあの言い伝えの山だった。にぎり飯《めし》の包《つつ》みを開いたとたん、

「さだ吉ー、さだ吉ー」

と、地面をゆるがすような声が、杉の木の上からひびいてきた。

「わしは山の神、大天狗《おおてんぐ》なるぞ。わざわざ九がつく日にやってきたのは、覚《かく》悟《ご》のうえじゃろう、なぁ」

「しまった！　今日《きょう》は一月九日！」

さだ吉は、声のするほうに手をあわせ、

「急ぎの知らせを届《とど》けねばならんので、何とぞおゆるしを」

と、あやまった。けれども、大天狗《おおてんぐ》は、

「いいや、掟《おきて》は掟じゃ」と言って、羽《は》うちわであおぎながら、

「首を吊《つ》れ、首を吊れー……」

と、唱《とな》えはじめた。すると、さだ吉は、ひとりでに着物の帯《おび》をほどき、木の枝に引っかけて結《むす》び、自分の首を、結んだ輪《わ》の中にいれようとしていた。その時、梅干《うめぼ》しのいいにおいがふっと鼻にきて、ぐっとつばを飲《の》みこんだ。その拍子《ひょうし》に、ハッとわれに返った。

「死ぬんやったら、せめてにぎり飯《めし》を食ってからにしよう」

食いしん坊《ぼう》のさだ吉は、不思議《ふしぎ》に勇気《ゆうき》がわいてきた。大天狗に向かって、あらん限《かぎ》りの大声で、「食うぞー」と、叫《さけ》んだ。

すると、その声が、まわりの山々にはねかえり、あっちの山からもこっちの山からも、

「食うぞー食うぞー食うぞー食うぞー」

と、こだまがはねかえってきた。いつの間にか、

「首を吊れ、首を吊れー」という声は、かき消えてしまった。

「はぁー、やれやれ、助かった」

さだ吉は、ほっと胸をなでおろし、急いでにぎり飯をほうばると、山道をかけ通しにかけて、無事《ぶじ》嫁《とつ》ぎ先に知らせを届けた。さだ吉は、ひと晩《ばん》泊《と》めてもらったが、翌《よく》朝どうも胸《むな》

騒《さわ》ぎがしてならん。

「いやいや、今日は十日、十日や」

と、自分に言い聞かせながら、あの峠《とうげ》にさしかかったときのこと。

山のてっぺんの杉の大木で、大天狗《おおてんぐ》が待ちかまえていた。

「さだ吉！　こんどこそ、死んでもらおう」

大天狗が、うちわでひとあおぎしたとたん、ひゅう——っと、さだ吉は山のかなたへ飛ばされていった。

それっきり、さだ吉の姿《すがた》を見たものはおらん。

どっちがほんま

江戸時代《えどじだい》、三代将軍家光《しょうぐんいえみつ》は、各藩《かくはん》の大名《だいみょう》を従《したが》わせるために、江戸と国もとを、一年おきに行き来させる参勤交代《さんきんこうたい》をはじめた。

北摂《ほくせつ》に、小さな藩の大名がいた。江戸城《じょう》でまじめに勤《つと》めたので、大きな仕事をまかされた。やがて、お殿《との》さまはりっぱにお勤めを果《は》たし、はれてお国入り*することになった。


お国入りの立札《たてふだ》が立ったすぐあとのことや。

ある小さな村に、どかどかとけらいが乗りこんできた。

「はじめてのお国入りに、この村は、目ざわり。一けん残《のこ》らず、ムシロでおおいかくすのじゃ。わかったな」

さあ、村は蜂《はち》の巣をつついたような大さわぎ。


お国入り…江戸に出ていた領主が、参勤交代で領国に帰ること。

「そんなアホな、ここが貧《まず》しいんは年貢《ねんぐ》のせいや」

「貧しい暮《く》らしを、殿《との》さまに見てもらいたいもんや」

「ええい！　だまれだまれ！　だまらんとたたっ切るぞ」

何を言おうと、けらいは、はなから聞く気などなかった。


いよいよ、お殿さまのお着きの日がやってきた。

朝っぱらから、大ぜいのけらいが村に来て、街道《かいどう》から見えるあばら家《や》を、すっぽりムシロでおおい隠《かく》してしまった。

するとまもなく、街道の向こうから、大名行列《だいみょうぎょうれつ》がしずしずとやってきた。なんせ小さな藩《はん》のこと、お供《とも》のけらいは、わずか百十人ほど。先頭の旗《はた》持ちがふれてまわった。

「片寄《かたよ》れぇ！　脇《わき》に寄れぇー」

となり村の百姓《ひゃくしょう》は道ばたに土下座《どげざ》して待《ま》っている。ところが、この村では、ムシロのすき間から、行列をながめ放題《ほうだい》。

「あっ、来《き》よった、来よった！」

「あっちゃから、こっちゃは見えん、わしらからは、よう見えるわ」

「へへへっ！　おとがめなしや。こりゃ、ええ具合《ぐあい》やな」

好きなことを言いながら、行列をどうどうとながめておった。

小さな大名行列が通り過ぎるのは、あっという間。

「やれやれー終わった、終わった」

けらいたちが、ムシロを取り払《はら》ったちょうどその時、街道の向こうから、また大名行列がやってきた。

「あれ？　今度は、どこのお大名やろか」

ぽかあんとしてると、役人が血相《けっそう》をかえて、飛《と》んできた。

「か、かくせ、かくせ！　はよムシロでかくすのじゃ」

目を白黒させてるけらいたちに、

「これから来る行列が、正真正《しょうしんしょう》銘《めい》、本物のお殿さまじゃ」

と言った。けらいがムシロを持ってうろうろしてる間に、小さな行列は

小さな村を、通り過ぎていった。

「われらが藩《はん》のお殿《との》さま」とわかったときは、あとのまつり。行列《ぎょうれつ》は、しずしず遠ざかっていった。むろん、殿さまの目には、村の姿《すがた》を包《つつ》み隠《かく》さずごらんいただけたというわけや。

はて、それでは、はじめの行列は、何やったんやろなぁ？

キツネかな？　それとも、タヌキが化《ば》けたんかな？

語りのヒント

一万二千石の「麻田藩」は、青木氏十四代、外様《とざま》で一番下位の大名でしたが、幕末まで続きました。この話は、明和七（一七七〇）年〜天明六（一七八六）年までの留守居役を終え、お国入りのときに「莚《むしろ》を張れ」という命が出された言い伝えからおこしました。

参勤交代の「下に、下に」のおふれは徳川御三家のみで、それ以外は「脇寄れ」「片寄れ」と、ふれたようです。

牛どろぼう

今から六十年以上前のこと、京都に近い小さな村に、せっちゃんという小さな女の子がいた。

せっちゃんの父ちゃんは田んぼや畑を耕《たがや》し、母ちゃんはよその田んぼを手伝っていた。ばあちゃんが家の仕事を引きうけ、夜おそくまで、みんなで夜なべ仕事をして、暮《く》らしていた。

せっちゃんも、小学二年生になると、夜なべ仕事を手伝うようになった。ばあちゃんが近くの竹やぶで拾《ひろ》って、ムシロに広げてほしておいた竹の皮を、一まい一まい、ひざ小僧《こぞう》でのばす。

「うちも、早《は》よ一人前《いちにんまえ》になりたいねん」

どんなにひざがいたくても、せっちゃんは泣《な》かなかった。

父ちゃんには、もひとつ大切な仕事があった。人間のウンコやオシッコを集める「肥《こえ》くみ*」の仕事や。

稲《いね》を育てるには、田んぼの土を栄養《えいよう》のあるじょうぶなもんにせんとあかん。それには、牛小屋の敷《し》きワラや牛のウンコを積《つ》み上げて、くさらせて堆肥《たいひ》*にし、畑や田んぼにまいて土を育てる。牛のウンコよりもっとよいのは、人間のウンコやオシッコ。

だから、下肥《しもごえ》を買う肥くみは、大事な大事な仕事やった。

村では、せっちゃんの父ちゃんだけが、肥くみをしていた。

肥くみにいく前の日の夕方、父ちゃんは牛に荷車《にぐるま》をつなぐ。そこへ、大きなコエタンゴ*を十個《こ》乗せる。

夜中の二時ごろに出発すると、夜が明けるころ、京都のお得意《とくい》さんに着く。

「肥、くみに来ました」

父ちゃんは肥つぼから肥をくみ出し、代《か》わりに野菜《やさい》を渡《わた》しながら、お得意《とくい》さんの家《いえ》を何《なん》軒《げん》も回っていく。帰り道は、満《まん》タンのコエタンゴを、大きな農家に運び、今度は売る。土木作業の仕事よりも、うんといいお金になった。

肥くみ…農業、とくに野菜・麦・稲作りの肥料は、下肥（大便・小便）が重要で、野菜や果物などを持参して交換し、大きなタンゴを、人力・牛馬・肥船で運んだ。そして田畑の溜《ため》つぼに入れて腐熟させ、作物に施した。

堆肥…わらや落ち葉、排泄物などを自然に腐らせて、微生物の働きで完全に分解させた肥料。

コエタンゴ…ウンコやオシッコを入れる木の桶。

ところが、困《こま》ったことに、牛どろぼうがはやりだした。肥をくみ出しているあいだ、荷車からちょっと目を離したすきに、牛が盗《ぬす》まれてしまうのや。

「えらいことや。見張《は》っとかんと、おちおち仕事もできん」

ぼやいてる父ちゃんと、せっちゃんの目があった。

「そや！　せつこ、明日《あした》は学校休んで、父ちゃんについてこい。せつこは軽いし、荷車にのっけたる、ラクちんやぞぉ」

「うん！　うちも京都へ、いっぺん行きたかってん」

せっちゃんが喜《よろこ》んだのもつかの間、真夜中《まよなか》に起こされると、風がびゅうびゅう吹《ふ》いて、寒くて寒くてしょうがない。

母ちゃんが綿入《わたい》れ*を着せて、荷車に乗せてくれて、それからひざに毛布《もうふ》も巻《ま》いてくれた。足元にカンテキ*をおいてもまだ寒くて、歯がガチガチ鳴《な》った。荷車にゴトゴトゆられて、いつの間にかせっちゃんは眠っていて、気がつくと明け方になっていた。

いつものお得意さんを回っているうちに、もう日が暮れはじめた。

綿入れ…裏をつけて中に綿を入れた防寒用の衣服。

カンテキ…七輪、コンロのこと。

父ちゃんは、最後の農家に肥《こえ》を売りに、荷車《にぐるま》を離《はな》れた。

せっちゃんは、朝が早かったので、うつらうつらしてると、モオウーと牛が鳴《な》いた。その声で、赤い毛布《もうふ》をかぶったまま、がばっとはね起きた。すると、

「ひやあー、鬼《おに》やー赤鬼やー」

牛どろぼうが、大声をあげて逃《に》げていった。

「ど、ど、どろぼう！」

父ちゃんが飛《と》んできた。

「だいじょうぶか、せつこ！」

せっちゃんから話を聞いて、父ちゃんは、

「はっはっはっ、まぬけなどろぼうやなぁ」

と、大笑いした。

卒塔婆《そとば》の子

昔むかし、京に都があったころ、富田《とんだ》*の西のはずれに「狭間《はざま》*」という小さな村がありました。そこに、庄屋《しょうや》*をしている男がおりました。狭間は耕《たがや》しても耕しても、ろくに米もとれんやせた土地で、男は落ちぶれていく一方《いっぽう》でした。

ある日、男は、妻《つま》と下男《げなん》*を呼《よ》ぶと、

「わしは、これから筑紫《つくし》*へ行き、ひと旗《はた》あげてまいろうと思う。わしが留守《るす》のあいだ、屋《や》敷《しき》を守り、田畑を荒らさぬよう、くれぐれもたのんだぞ」

そう言い残し、出かけていきました。

残された妻は、くる日もくる日も、夫の身を案じておりました。

「今ごろどうしておられるのやら……」

一年二年とたちましたが、男からは何のたよりもありません。

富田…現在の高槻市富田町と、その周辺。

狭間…どこか不詳。現在は、その地名はない。

庄屋…江戸時代、領主が村の納税などを統轄させた村落の長。

下男…下働きの男。

筑紫…九州の古称。

「船旅《ふなたび》の途中《とちゅう》で荒波《あらなみ》にあい、海の底に沈《しず》んでしまわれたのでは……」

妻が考えることといえば、悪いことばかり。下男は、

「便《たよ》りがないのは元気な証拠《しょうこ》、そのうちお戻《もど》りになります」

と、なぐさめますが、三年たっても音沙汰《おとさた》がなく、妻はとうとう病気になり、春先《はるさき》にあっけなく死んでしまいました。

妻の身内のものが野辺《のべ》の送《おく》りをすませると、下男は、土の上に真新《ま》しい卒塔婆《そとば》*をたてておきました。

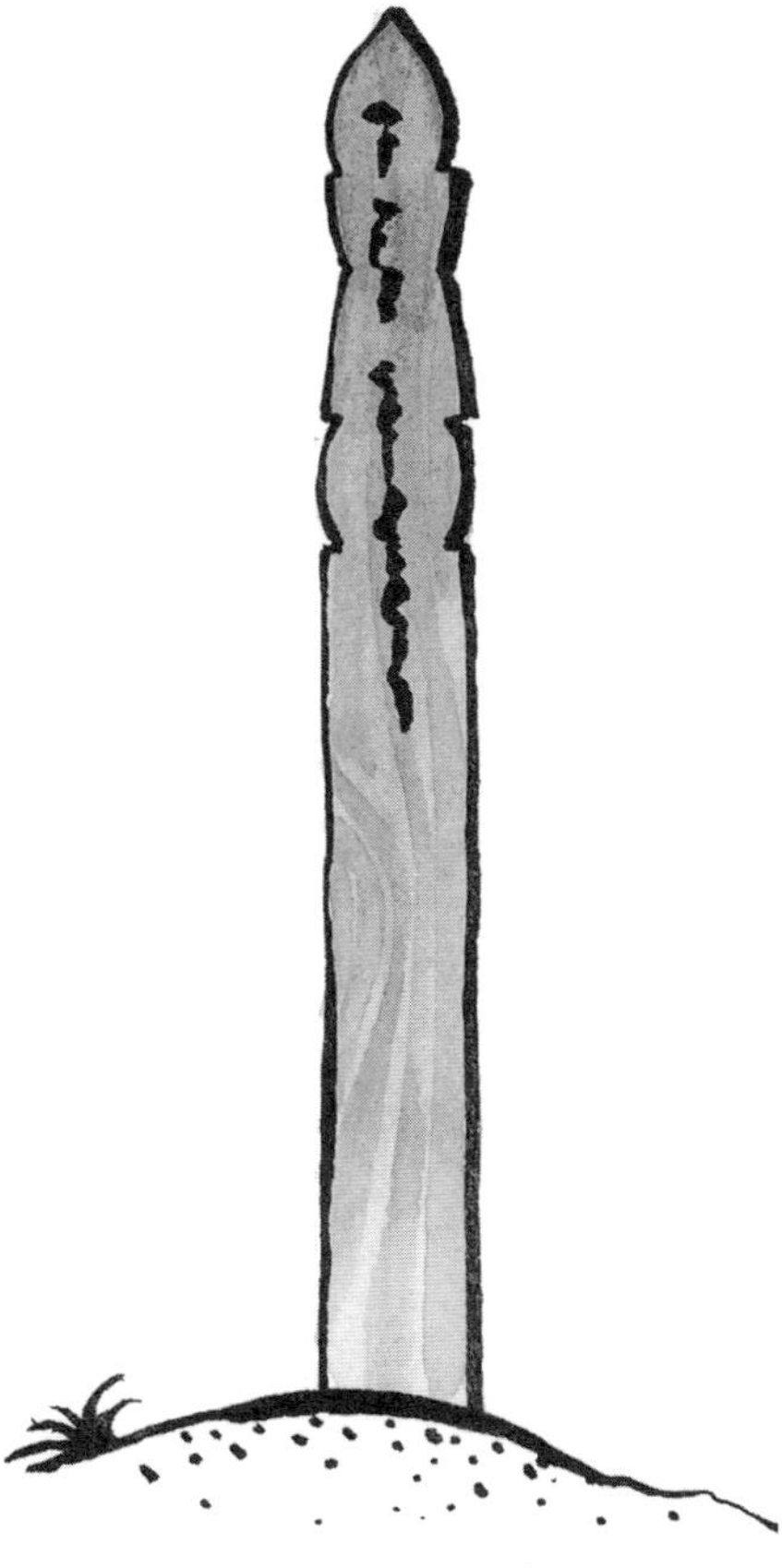

卒塔婆…死者の墓標として作られ、頭部に五輪形を刻み、梵字などを記した細長い板木。

一方《いっぽう》、男のほうは筑紫《つくし》に来たものの、慣《な》れぬ商《あきな》いでは、うまくいくはずがありません。

ある日、ふと故郷《ふるさと》の妻《つま》を思い出し、

「ああ、今ごろどうしているのやら……そうや！　渡《わた》り鳥の足に手紙をむすんで、空へ放《はな》ってみよう！」

そう思いたったとき、ひょっこり妻が訪《たず》ねてまいりました。

「お、おまえ！　どうして、ここが！」

「あなたのお帰りを待《ま》っていましたが、風のたよりもなく、心配しているよりは探《さが》したほうがと思い、訪ねてまいりました」

「すまん、すまん！　わしが悪かった」

もともと仲のよかったふたりのこと、またたく間《ま》に三年たち、ふたりのあいだには、男の子が生まれました。故郷《ふるさと》の村の名前にちなんで、「はざま」と名づけ、それはそれはかわいがっておりました。

そんなある日、とつぜん、下男《げなん》がやってまいりました。

「お、おまえ！　なぜ、ここへ？」

「奥《おく》様のことをお知らせせねばと思い、道ちゅうどんな目にあおうとも、やってまいりました」

「はて、おかしなことを言う」

「じつは、奥様は三年前のこれこれの日に、亡《な》くなられました」

「なにっ！　妻が死んだと言うのか？　おまえが言うその日に、妻はわしを訪《たず》ねてまいり、現《げん》に今もいっしょに暮《く》らしておる」

「本当でございますか？　いやいや、たしかに奥様は亡くなられ、とうに野辺《のべ》の送《おく》りもすませたのでございます」

「ええい！　何を言うか。今すぐ妻に会わせてやろう」

男は奥の居間《いま》にいるはずの妻を呼《よ》びました。

「おい、おまえ！　ちょっとこっちへ、顔を見せにまいれ」

返事がありません。いくら呼んでも、物音ひとつしません。不思議《ふしぎ》に思い、居間へ行ってみると、畳《たたみ》の上に卒塔婆《そとば》がひとつ、置《お》かれていました。

その卒塔婆を下男に見せたところ、はらはらと涙《なみだ》をこぼし、

「これこそ、奥様のお墓《はか》にたてた卒塔婆でございます」

と、うなずきました。それでも、男は信じられず、なおも家じゅう探《さが》し回りましたが、ど

こにも妻《つま》は見当たりません。

「今の今まで、わしは亡《な》き妻の魂《たましい》と暮《く》らしておったのか……」

しばらくして男は富田《とんだ》へもどり、妻の供養《くよう》をしながら、息子《むすこ》を育てあげました。

息子のはざまは、広く世間に知られる、りっぱな能役者《のうやくしゃ》の「ワキ方《かた》*」になった、ということです。

語りのヒント

この話は、江戸時代の怪談を集めた『江戸怪談集（上）』高田衛編・校注に収められている、怪談本「宿直草《とのいぐさ》」の一篇から再話しました。

京と大坂のあいだにある摂津国《せっつのくに》・富田は、むかしから文化の栄えたところでした。江戸時代、夜伽話《よとぎばなし》という眠気ざましに語られた話の中に、奇妙な話があります。そのまたむかし、「はざま」という役者の生まれにまつわる、なんとも不思議な物語です。


ワキ方…脇役のこと。能でいう脇役とは、きわめて重要な役回りを演ずる人物。人間の男の役がほとんどで、状況の説明をしたり、主人公（シテ）と会話をしたりして、物語を進めていく。

そうれんみち

茨木《いばらき》の南、淀川《よどがわ》の近くに、とても小さな村があった。

ここらのへんは、しょっちゅう淀川があふれ、洪水《こうずい》に見舞《みま》われていた。なかでも、「三《み》つぶの雨がふれば、家がつかる」と言われるこの村は、まわりよりさらに土地が低かった。けど、村の墓《はか》は、なぜか少し高い所にあったので、水につかったことがなかった。

年寄《よ》りは、墓を「ハナコ」と呼《よ》び、

「ハナコとハナコに行く道は、三宅《みやけ》の殿《との》さんからもろたんや」と、言い伝《つた》えてきた。

今から四百年ほどむかしのこと、この村に「おやえ」という美しい娘《むすめ》がいた。おやえはおばあとふたり、つましく暮《く》らしていた。

あるかんかんでりの夏の日、このあたりを治《おさ》めていた三宅の殿さんが馬に乗り、けらい

をひきつれて、領地《りょうち》の米のでき具合を見に、村へやってきた。殿《との》さんはのどがからからに乾《かわ》いたので、

「だれぞ、水をもってまいれ！」と言いつけた。けらいがすぐに近くの家をのぞくと、おやえが石うすをひいていた。

「これ、むすめ、おもてにおわす殿に、水をさしあげよ」

おやえが水をさしあげると、殿さんは、一気《いっき》に飲み干《ほ》し、おかわりをした。そのうちに、しげしげとおやえを見た。

「なんと美しいむすめ、そちは城《しろ》へまいれ。三日のちに迎えにくるぞ」

そう言い残して、城へもどっていった。

「城へいけば、ごっつぉう*が食えるぞ」

「きれえなべべ*も、着れるぞ」

「おやえは果報《かほう》もの。ほうびをもろて、ばあさんも金持ちじゃ」

村人はうらやましがった。けれど、おやえもおばあも、気がすすまなんだ。

「殿さまの命令をきかんと、村におとがめがあるやもしれんぞ……」

みんなが心配しているうちに、三日たった。おやえは頭をさげて、

ごっつぉう…ごちそうのこと。

べべ…着物のこと。

「おばあのこと、よろしゅうたのみます」

と、言い残《のこ》し、お城へ連《つ》れていかれた。かわりに、ほうびがたんと届《とど》いたが、中にはかぶとやよろいまであった。

「こんなもん使えるか！」

おばあは、よろいを火にくべ、かぶとをなべがわりに、まっ黒こげにした。あかあかと火が燃えても、おやえのおらん家は、火が消えたように暗かった。

一方《いっぽう》、おやえは、きれいな着物を着せられ、おいしい物を並《なら》べられても、少しもうれしくなかった。

「どうじゃ、おやえ。城の暮《く》らしはよいじゃろう」

殿さんだけが、ほくほくと喜《よろこ》んでいた。

日がたつにつれて、おやえは夜もねむれず、顔色は青白く透《す》きとおっていった。

秋風がふくころ、病気にかかりあっけなく死《し》んでしまった。

おやえの亡《な》きがらは、牛の引く車に乗せられ、やっと家へもどってきた。

「おやえが、ふびんじゃ、おやえ、おやえ！」

おばあは泣きすがったが、しばらくすると、突然《とつぜん》、

「わしゃ、ひと言だけ、殿《との》さんに言うてやりたいことがある」

と、言い出したので、村人は驚《おどろ》いたが、

「おやえを手厚《あつ》うほうむってやりたいだけや」

というおばあの願《ねが》いを聞いて、殿さんにかけあいにゆこうとなった。

おやえのなきがらを先頭に、お城《しろ》に向けてぞろぞろ、ぞろぞろと、長い列がつづいた。城の門の前につくと、なんまんだぶ、なんまんだぶ……と念仏《ねんぶつ》を唱《とな》えだした。その声は天に届《とど》く太い矢《や》となり、城の奥《おく》の間《ま》にいた殿さんの心に、ぶすりとつきささった。

「おやえの代わりに、なにがほしいのじゃ」

「わしらの村は墓地《はかち》がない。おやえをほうむってやる墓地がほしい」

そんなわけで、村から少し離《はな》れたところにある、小高《こだか》い土地が墓地になった。もちろん、墓地まで行く堤《てい》防《ぼう》ぞいの道も、今にいたるまで、村のものになったというわけや。

語りのヒント

墓は、少し小高い輪中《わじゅう》にあります。輪中というのは、水害から守るため、集落や耕地の周囲を堤防で囲んだところで、そこは水につかったことがありません。「ハナ」という名前は、「鼻」に通じ、でっぱりという意味にとれます。

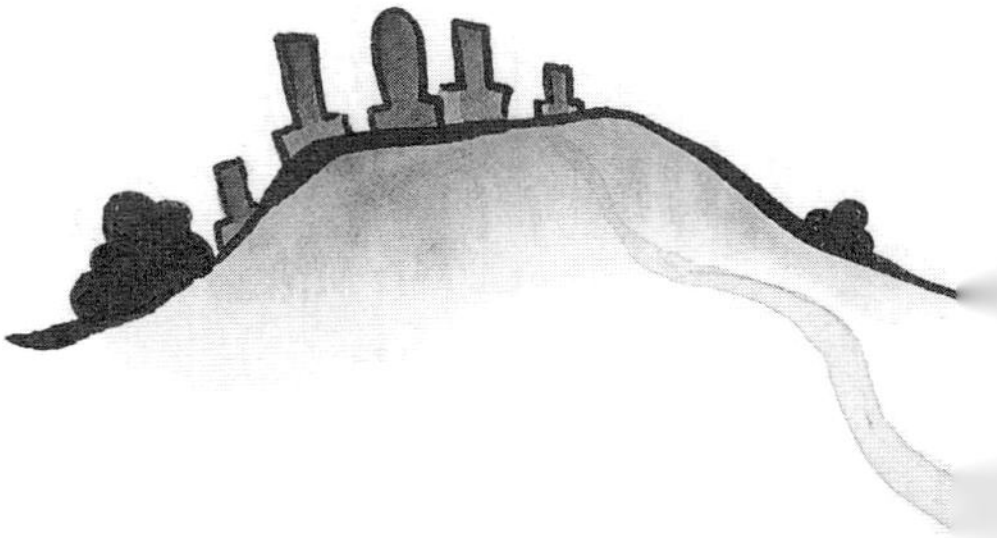

白いみーさん

むかし、亀岡街道《かめおかかいどう》ぞい＊に小さな村がありその村の近くに国鉄の操車場《そうしゃじょう》ができた。

村の仕事はグローブや手袋《てぶくろ》、毛皮のマフラーなんかを作っていたから、晴れた日には村のあっちこっちに、ウサギや犬の皮が、木の板にぴーんと干《ほ》されていた。物干しロープにも、皮がたくさん吊《つ》るしてあって、風が吹くと、黄色いハンカチがパタパタはためいているようだった。

けれど、村の近くを通る人は、「くさい、くさい！」と、わざわざ大回りしていった。

村の子は、せっかく友だちができても家にも呼《よ》べんし、おとなも夜おそくタクシーで帰るときは、手前の村でおりて歩いて帰った。

くやしい思いをさせられるくらいなら、ふるさとを隠《かく》すよりほかなかった。

亀岡街道…大阪より北摂を経由して丹波の亀岡に通じる旧街道。古来から丹波の薪炭《まきずみ》・農産物を大阪市内へ運ぶ輸送路となった。

村…村ができたのは、豊臣秀吉の時代、よろいやかぶとなどを作らせるため、和歌山から人びとを移してきてからといわれている。

国鉄…今のJRのこと。一八七〇（明治三）年七月、大阪―京都間に官営鉄道が開設され、一九二三（大正一二）年七月、吹田操車場が操業を開始した。

街道ぞいには、「名次《なつぎ》の宮《みや》*」という古いお宮さんがあって、不吉《ふきつ》なことがおこる前に、「エノキの枝に、白いみーさんがぶら下がって知らせてくれる」という言い伝えがあった。

この村に、頭がよくて、気立てもよい娘《むすめ》がいた。

名次の宮…昔むかし、小栗判官《おぐりはんがん》が熊野にむかう途中に縄が切れて、この場所で縄を継いだので、それでなわつぎの宮がナツギの宮になったという。

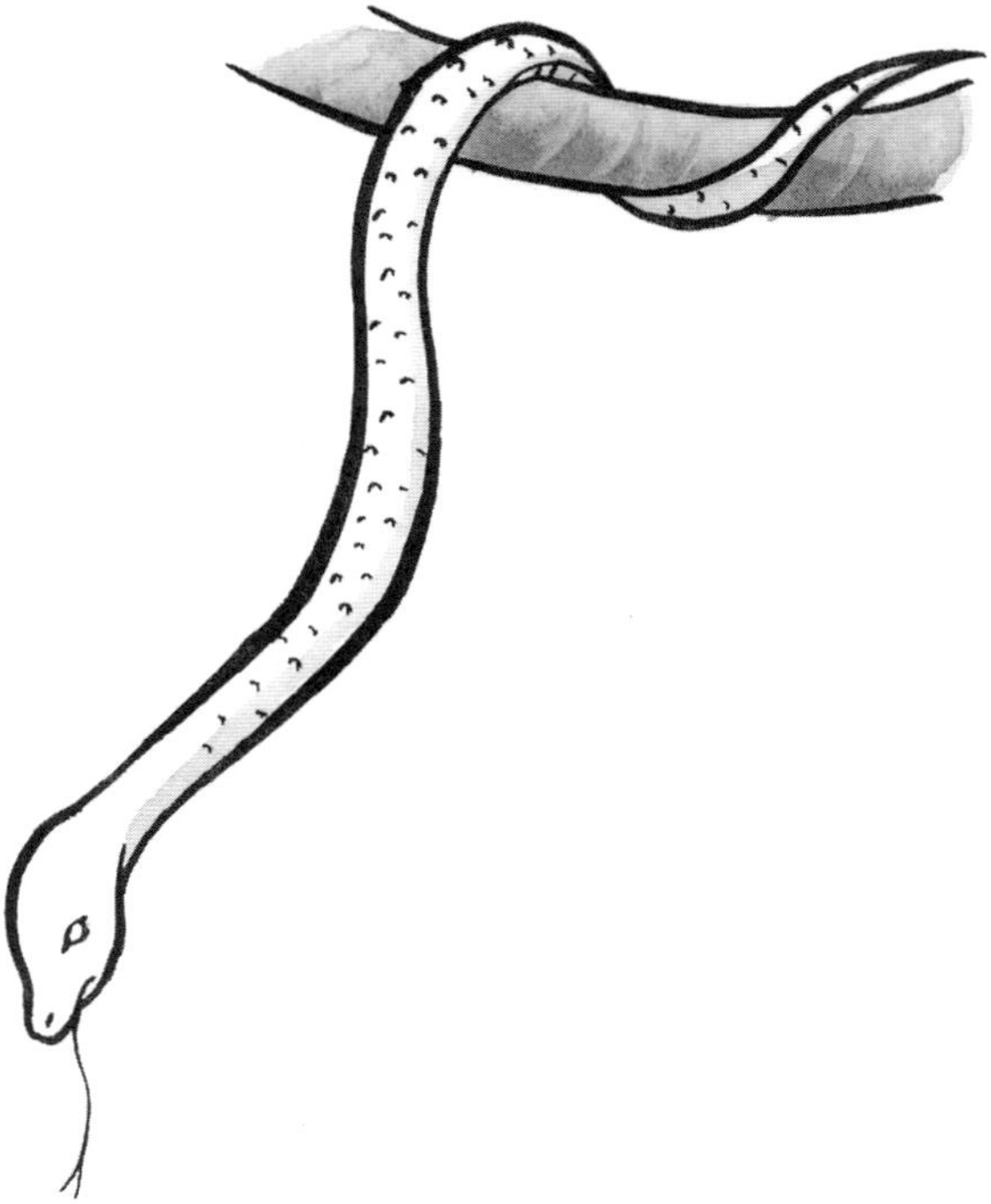

親は「トンビがタカを生んだみたいや」と、娘《むすめ》を自慢《じまん》していた。

父親はグローブ作りの職人《しょくにん》で、母親はグローブのひも通しの内職《ないしょく》をして、ふたりはいっしょうけんめい働《はたら》いていた。

「わしらは貧乏《びんぼう》で学校に行けなんだが、この子には、教育をつけて、会社づとめをさせてやりたい」

やがて娘は、中学卒業《そつぎょう》の年になり、学校の推薦《すいせん》で、大手《おおて》の銀行の試験《しけん》を受けた。すぐに合格《ごうかく》の内定《ないてい》が学校へ届《とど》き、先生も両親も、もちろん本人も大喜《おおよろこ》びした。ところが、喜・んだのもつかの間、銀行から採用を取り消すといって学校へやってきた。

「成績《せいせき》と人物は申《もう》し分《ぶん》ないのですが……」

理由も言わずに、そそくさと帰っていった。

じつは、娘の住む村や家族のことを、根掘り葉掘り聞き回っていたことが、あとでわかった。先生は、すぐに銀行に抗議《こうぎ》しに行ったけれど、どうにもならんかった。

そんなある日、村じゅうが大さわぎになった。

「名次《なつぎ》の宮《みや》のエノキに、白いみーさんがぶら下がってるぞ!」

「悪いことがおこらんかったら、ええけどなあ……」

翌朝《よく》早く、娘が電車に飛《と》び込《こ》んだ。覚悟《かくご》のうえの自殺《じさつ》だった。

「あの娘《こ》はな、自分みたいなこと、もう二度とないようにって、みーさんになったんや」

「みーさんに、約束《やくそく》しよや。ふるさとを堂々と名のれるようにな！」

こんな悲しい事件《じけん》がたくさんあって、やがて法律《ほうりつ》で、就職《しゅうしょく》や結婚《けっこん》相手の身元《みもと》調査《ちょうさ》をするのがあかんって、決まったんや。

語りのヒント

一九七〇年ごろ、近畿、福岡県、広島県で、新規高卒者の採用選考での差別をなくすための「統一応募用紙」制度がはじまりました。一九七三年、労働省、文部省、全国高等学校長協会の会議で、「統一応募用紙」を使用するよう全国的な指導もおこなわれました。

一九七五年、全国の被差別部落の所在地や戸数、おもな職業などを記載した『部落地名総鑑』が売買されている事件が発覚し、大きな社会問題になりました。部落差別につながる調査行為などをなくそうという声が高まり、これを受けて大阪府では、一九八五年三月、同和問題の解決の一助として、「大阪府部落差別事象に係る調査等の規制等に関する条例」を制定しました。

ねんねころいち天満《てんま》の市で

大阪市内に伝わる話

きつねのやいと

むかし、「みやらけ村」は、竹やぶと蓮《はす》池がある野原に、何軒《なんげん》かの家がたっているだけやった。

毎朝早くから、久四郎《きゅうしろう》さんは、天満《てんま》の市場で仕入れた野菜《やさい》を大八車《だいはちぐるま》*に積《つ》んで、今《きょ》日《う》は十三《じゅうそう》、明日《あした》は吹田《すいた》と売り歩く、青物《あおもの》*行商《ぎょうしょう》*の仕事をしていた。

ある日、野菜がなかなか売れんので、全部売れたときには、もう日が暮《く》れかかって

大八車…荷物運搬用の大きな二輪車。八人分の仕事をする意味合いがある。

青物…野菜類の総称。

行商…家々を訪ね歩き、小売すること。

いた。カラの大八車を引いて、家路《いえじ》を急いでいると、ひたひたひたひたひた……何かがついてくる。

「なんやろ？　気色《きしょく》悪いなぁ……見たらあかん、あかん」

すると、にゅうっと、大きなきつねの影《かげ》がのびてきた。

「ひゃあ〜っ、ば、化《ば》けぎつねや」

おそるおそるふり向いてみると、

「なんや、小《ちっ》こいきつねか、へへへへ……」

こわがった自分がおかしくて、にが笑《わら》いしていると、やっと聞きとれるほどの声がした。

「おっちゃん、鎮《ちん》の宮まで送ってぇ、なぁ」

「よっしゃ！　お安い御用《ごよう》や」

久四郎《きゅうしろう》さんは、こぎつねを大八車《だいはちぐるま》に乗せると、月明かりをたよりに回り道して帰ることにした。どのぐらい歩いたやろか。鎮《ちん》の森まで来ると、ひとりでに足が止まった。

「おおきに！　ご恩《おん》は、きっと返します」

こぎつねは、ぴょんと、竹やぶの中に消えていった。

それからしばらくして、久四郎さんが行商《ぎょうしょう》の途中、また鎮の森を通ると、あのこぎつねが待っていた。

「このあいだはおおきに！　きょうは人形、買《こ》うてきてほしいねん」

「よっしゃ、わかった！」

約束《やくそく》どおり、帰りに小さな人形を買うて、渡《わた》してやった。

「おっちゃん、おおきに」

こぎつねは人形を小《ちっ》こい手であちこち押《お》しながら、病気に効《き》く体じゅうのツボを教えてくれた。

「ここは頭いたのツボ、ここは肩《かた》こり、ここは腹《はら》くだし……」

そして、よう効くおまじないも教えてくれた。

「みやらけのやいと、やいとすえたら、すぐ治《なお》るぅ」

久四郎さんは、こぎつねに教えてもろたとおりに、やいとの商売をはじめた。するとまた、こぎつねが、そこらじゅうへ、

「久四郎やいと、やいとすえたら、すぐ治るぅ」

と、ふれまわったので、久四郎さんのやいとはたいそう評判《ひょうばん》になった。

やがて町に、「久四郎やいと」という店を構《かま》えた。遠くのほうからも、人《じん》力車《りきしゃ》で大ぜいの人がやってくるので、店はたちまち繁盛《はんじょう》し、久四郎さんは大金持《おおがねも》ちになったんや。

さて、何年もたったある日、久四郎《きゅうしろう》さんの姿《すがた》が急に見えんようになった。

きつねは自分の命が終わるとき、とりついていた人をあの世にいっしょに連《つ》れていく、といわれていたからな。村の人は心配して、きつねに供《そな》えるにぎり飯《めし》を持って、鎮《ちん》の森へ行き、枡《ます》の底をポンポンたたきながら探した。

「久四郎さんかえせ、久四郎さんかえせ！」

なんぼ探しても、久四郎さんは出てこなんだ。

そのかわりに、古《ふる》ぎつねが一ぴき、店の前で死んでたということっちゃ。ホ、ホイシャン。

ふるさと「じょう」慕情《ぼじょう》

「私《わたし》」は、もうこの世におらん人間です。きょうは、ぜひ私の話を聞いてください。

明治《めいじ》一八（一八八五）年の淀川《よどがわ》の大洪水《だいこうずい》は、あちこちで堤防《ていぼう》は切れるわ、陸地《りくち》は湖《みずうみ》になるわで、それは無惨《むざん》なものでした。

洪水がおきんように、お上《かみ》は、淀川の流れを変える工事をはじめることにしたのですが、わしらの村「じょう」が川底《かわぞこ》になるので「場所を移《うつ》れ」と、それも「分かれて、移住《いじゅう》せよ」と言うてきました。

「わしらの村が無《の》うなる、どうしたらええ」

何度も何度も話し合《あ》いました。

そのころ「じょう」の村に、ぬいという娘《むすめ》と、嘉助《かすけ》という若者《わかもの》がおりました。いっし

よになる約束《やくそく》をしたふたりは、息をひそめて、成《な》り行《ゆ》きを見守っていましたが、結果《けっか》は、親せき同士《どうし》固《かた》まって、三つの村に分かれることになりました。一つの村は寺をもらい、もう一つの村は寺の鐘《かね》をもらい、あと一つの村は何もなくて、墓《はか》はそれぞれ分けることで移《い》住《じゅう》していきました。

嘉助《かすけ》は「大塚《おおつか》」へ、ぬいは、「三番《さんば》」へと、別《わか》れ別れになってしまったのです。

嘉助は、長柄橋《ながらばし》のほとりで、天満《てんま》の市場《いちば》へ売《う》りにいく大八車《だいはちぐるま》から、積《つ》まれた野菜《やさい》を荷《に》ごと買う、仲買《なかがい》の商売《しょうばい》をはじめました。

時には、近くの畑ごと買いつけて、ねぎなら、枯《か》れた葉を落としてから、八百屋《やおや》に売りつける「青田買《あおたが》い」もしていました。

移住と引き換《か》えに、小さな家と畑は何とか手に入れましたが、家族のほかに、ふたりが暮《く》らせるゆとりはありませんでした。


嘉助は、ぬいと所帯《しょたい》を持ちたい一心《いっしん》で、働《はたら》きました。

ぬいも、早く嘉助といっしょになろうと、近くの「マッチ工場《こうば》」へ働きに出ました。黄燐《おうりん》マッチの原料《げんりょう》を混《ま》ぜ合《あ》わせる仕事で、黄燐はこするだけで火がつく、たいそう危険《きけん》な仕事でした。

ある日のこと、ぬいは、炉《ろ》から消し炭《ずみ》をとり出そうとしたはずみに、うっかり前かけに落としてしまいました。あっという間《ま》に、火がめらめらと燃《も》え広がりましたが、あわててみんなが火を消したおかげで、工場は火事にはなりませんでした。けれど、ぬいは火だるまになり、大やけどを負《お》ってしまいました。

嘉助がかけつけたときには、ぬいはもう虫の息《いき》で、全身を布《ぬの》でぐるぐる巻《ま》かれ、「嘉助さん、嘉助さん」と、うわごとのように呼《よ》んでいました。やがて、その声もやみ、ぬいの弔《とむら》いがすんだあと、嘉助の姿《すがた》も大塚から消えてしまいました。

毎年、四月三日の節句《せっく》になると、「じょう」の人びとは巻《ま》き寿司《ずし》を持って、新しい淀川《よどがわ》の堤《てい》防《ぼう》に集まります。若《わか》くして命を絶《た》った嘉助《かすけ》と、亡《な》くなったぬいの冥福《めいふく》を祈《いの》り、川底に沈んだふるさと「じょう」を思い出しました。

本当に、こんなことがあったのです。だれも覚《おぼ》えてませんがね。

唐臼《からうす》のお地蔵《じぞう》さん

今から百年ほど前、ある村に、由太郎《よしたろう》さんという働《はたら》き者のお百姓《ひゃくしょう》さんがいた。朝に夕にお念仏《ねんぶつ》を唱《とな》え、たいそう信心深《しんじんぶか》かった。なにかに夢中《むちゅう》になったら、「由太郎さん、由太郎さん」となんぼ呼《よ》んでも返事《へんじ》せんので、変わりもんやと思われていた。

ある日、由太郎さんが、いつものように畑仕事をしていると、畑の向こうの駅《えき》でもないところに、長い貨物列車《かもつれっしゃ》がギギーッと音をたてて、止まった。

「な、なんや！　事故《じこ》でもおこったんかいな」

由太郎さんは、鍬《くわ》を放《ほう》り出し、貨物列車に走り寄《よ》った。

「犬か猫《ねこ》か狐《きつね》か？　それとも、だれぞ、ひかれたんかぁ」

あたりを見まわしたが、事故とはちがうようや。

その時、ばたん！　ととびらが開いて、白い手袋《てぶくろ》が「こっちゃこいこい」というように、手招《まね》きをした。ついつられて乗りこんだら、列車《れっしゃ》はゆっくりと動き出した。

「おいおい、どこへ連《つ》れて行くんや？」

機関士《きかんし》に、なんぼ尋《たず》ねても、返事がない。

ガタンゴトンガタンゴトン……、列車にゆられているうちに、子ども時分《じぶん》に背《せ》中《なか》で聞いた子守唄《こもりうた》が、聞こ

えてきた。

「ねんねせいせい、した子はかわい。ねんねせん子は、つらにくい」

由太郎《よしたろう》さんは、いつしか眠《ねむ》りこんでしまった。

「おまえの家の唐臼《からうす》の台は、お地蔵《じぞう》さんであるぞ。掘《ほ》り起こして大事にするがよい」

夢《ゆめ》の中で、こんなお告《つ》げがあった。はっと目が覚《さ》めると、鍬《くわ》は畑に突《つ》き刺《さ》さったままで、由太郎さんは、畑に寝《ね》ころんでいた。

「はあーっ、ふしぎなこともあるもんやなあ」

由太郎さんは家に飛んで帰り、唐臼の台を掘り起こしてみると、逆《さか》さになったお地蔵さんが出てきた。

「はあーっ！　台やと思てたんは、お地蔵さんやったんや」

由太郎さんは、嫁《よめ》さんにわけを話し、村の衆《しゅう》に頼《たの》んで、家の横にお地蔵さんをお祀《まつ》りした。そして、朝に夕にきれいに掃除《そうじ》しては水もかえて、いっしょうけんめいお世話《せわ》をした。

そのかいあってか、由太郎さん夫婦《ふうふ》は、暮《く》らし向きも楽になり、いつまでも仲よう長生きしたということや。

今もこの村では、毎年八月になると、お地蔵《じぞう》さんを祀《まつ》っている地蔵堂《どう》の公園に、提灯《ちょうちん》をつるし、盛大《せいだい》に地蔵盆《ぼん》を祝《いわ》う。

地蔵堂の天井《てんじょう》や壁《かべ》には、こわーい地獄《じごく》の絵《え》が描《か》いてある。言うこときかん子は、村のおばあさんの語る地獄絵口説《くど》きを、いっぺん聞きに行ってみるか。

石橋をたたいて渡《わた》れ

江戸時代《えどじだい》、大雨や寒さで作物《さくもつ》ができず、たくさんの人が飢《う》え死にする、天保《てんぽう》の大飢饉《だいききん》といわれる年があった。それでも、年貢《ねんぐ》は少しも減《へ》らず、百姓一揆《ひゃくしょういっき》や打ちこわしがおきた。

農村では、草や木の葉、根など、まだ口に入れる物があったが、困《こま》ったのは、まちに住む貧乏人《びんぼうにん》やった。大坂《おおさか》では、人びとを助けるはずのお奉行《ぶぎょう》までもが、出世《しゅっせ》のために、大坂に集まった米を江戸《えど》に回す始末《しまつ》。このままでは、どこぞへ姿《すがた》をくらますか、野《の》たれ死にするしかなかった。米屋や両替商《りょうがえしょう》などの屋敷《やしき》を襲《おそ》って、米や金を手に入れるしか、生き残るすべがなかった。

ある日、ひとりの男が、親村《おやむら》*の庄屋《しょうや》に呼《よ》び出された。

庄屋は、ふところから札《ふだ》を取り出すと、

親村…分かれた枝村に対して、もとの村。本村ともいう。

「大塩《おおしお》先生*から、ありがたいお札《ふだ》をちょうだいした。本屋《ほんや》へ持っていけば二朱《しゅ》*のお金と取りかえてくれる。みなに配ってやれ」

「へえ、二朱もあれば、米二升《しょう》買えます、ありがたいことで」

男が喜《よろこ》ぶのをみて、庄屋《しょうや》は、さらに言いそえた。

「このお札は、わしが尊敬《そんけい》する大塩先生が、大切なご本を手放して、用意されたもの。先生は近ぢか、世直《よなお》しの『事《こと》』をおこすつもりでおられる。必ず参加するように、みなにしかと伝えてくれ」

男が、何か言いかけようとすると、庄屋は手を口にあて、

「よその村の者には、ぜったいに口外《こうがい》するでないぞ。よいな」

大塩先生…大坂東町奉行の元与力、大塩平八郎のこと。奉行所に民衆の救援を提言したが拒否され、みずからの蔵書五万冊あまりをすべて売却し、救済にあたっていた。

朱…江戸時代の貨幣の単位。一両の一六分の一。

と、念《ねん》をおした。

男は村にもどり、庄屋に言われたとおり、お札を配ろうとした。

ところが、「ありがたいことや」と受け取る者と、「われらを利用する魂胆《こんたん》ではないか」と疑《うたが》う者とで、村の中は、まっぷたつに意見が分かれた。

男も、さんざん迷《まよ》ったが、

「親村《おやむら》の庄屋さまは、いつもわしらを人《ひと》並《な》みに扱《あつこ》うてくださる。庄屋さんが尊《そん》敬《けい》なさるお方《かた》なら、ついて行こうやないか」

と、みんなを説得《せっとく》した。

「まあどっちにしろ、このままでは、わしら飢《う》え死《じ》にするだけ」

「今は、わしらも、親村《おやむら》の百姓《ひゃくしょう》も、困《こま》っているのは同じや」

話し合《あ》いの結果、全員が参加しようとなった。

天保《てんぽう》八（一八三七）年二月一九日午前七時、村人六十名は、大塩平八郎《おおしおへいはちろう》の乱に参加した。

しかし、「救民《きゅうみん》」ののぼりを掲《かか》げた大塩軍《ぐん》は、あえなく半日で崩《くず》れ、天満《てんま》を中心に、大《おお》坂《さか》の町は丸焼《まるや》けになった。

天下大坂の幕臣《ばくしん》*の反乱《はんらん》は、幕府《ばくふ》には大きな衝撃《しょうげき》を与《あた》えた。大塩平八郎はもちろんのこと、参加者への追跡《ついせき》は、それはそれはきびしかった。

村人の一名は処刑《しょけい》され、みんなも、たいそう重い罰金《ばっきん》が科《か》せられ、長いあいだ苦しんだ。

大塩の乱から三十年後、江戸幕府《えどばくふ》は終わりをつげ、明治《めいじ》の新しい世の中を迎《むか》えた。

しかし、この村では、この時の経験から、「石橋をたたいて渡《わた》れ」という気風の村になったということや。


幕臣…江戸時代において徳川家の臣下のうち、一万石未満の禄《ろく》を与えられた旗本および御家人と呼ばれる身分の者。ここでは大塩平八郎をさす。

夫婦《めおと》いちょう

市内を流れる淀川《よどかわ》ぞいの村に、大きないちょうの木が、二本あった。

一本はお寺の境内《けいだい》に、もう一本は少し離《はな》れた団地の横に立っていたが、根っこがつながっていたので、「夫婦《めおと》いちょう」と呼《よ》ばれていた。

六月の昼下《ひるさ》がり、団地のいちょうが、うとうとしてると、突然《とつぜん》、バリバリバリバリバリッという音で目が覚《さ》めた。

「な、なんや、また空襲《くうしゅう》か！　爆弾《ばくだん》落としに来よったんか！」

「ちがいますがな、ここの団地、建《た》てかえてますんや」

「あーあ、びっくりした。鉄筋《てっきん》をこわす音かいな」

この音で、いちょうは一九四五（昭和二〇）年六月七日の大空襲を思い出した。

「あの時は、朝っぱらから、サイレンがウーウーと鳴《な》っとったなぁ」

「そうそう、『空襲警報発令《くうしゅうけいほうはつれい》！』言うて、すぐにドッカーンて爆弾《ばくだん》が破裂《はれつ》して、グラグラグラッと地面がゆれました」

「こりゃ、いつもの空襲とちゃうぞ。村じゅう、火の粉《こ》が飛《と》び散って、まっかっかやった」

「焼夷弾《しょういだん》で、寺もわたしも、丸焼《や》けになるところでした」

ぶるぶるぶるっと、境内《けいだい》のいちょうは葉をふるわせた。

「大ぜいの人が、堤防《ていぼう》へ逃げていかはりました」

「じきに、戦闘機《せんとうき》がきよった。バリバリバリバリッて、堤防の上すれすれに飛んで、後ろから人間をねらい打ちしよった」

「ニヤッと笑《わら》いながら銃《じゅう》うってる顔まで、よう見えましたわ」

「わしによう上《のぼ》っとった男の子、隠《かく》れたつもりがケツ丸出しや。けど、鉄砲《てっぽう》の弾《たま》がかすめて血ぃ出ても、じっとがまんしとった」

「わたしの根っこ、堤防《ていぼう》の近くの池のはたまで伸《の》びてますやろ。今でもぎょうさん、人の骨《はね》が埋《う》まってますわ」

「そうそう、戦争《せんそう》終わってから、自分ちの庭石《にわ》に『千人つか』と刻《きざ》んで、堤防の上にたてた人がおったなあ」

「そういえば、きょうも子どもらがやってきて、慰霊祭《いれいさい》というのん、やってはりました」

「わしは、この空襲《くうしゅう》、何百年たっても忘《わす》れんぞ」

いちょうは、天に向かって、太い枝《えだ》をぐーんとのばした。

「わしらも、長生きしたもんや」

「あんたが六百年、わたしが四百年」

「よおし！　まだまだ長生きして、戦争を絶対《ぜったい》にさせんように、しっかり見張《みは》ってってたる」

ぽつ、ぽつ、ぽつぽつぽつぽつ、ざあーっ……。

折《おり》からの夕立で、工事でほこりまみれになった夫婦《めおと》いちょうも、すっかり生き返った。

語りのヒント

一九四五年六月七日の第三次大阪大空襲は、Ｂ29がまず、一トン爆弾を落として驚かせ、それから小型爆弾、焼夷弾攻撃で焼き払い、堤防に逃げた人に、「ピー」と呼んでいたＰ51という護衛の戦闘機が低空飛行で機銃掃射をしました。撃つアメリカ兵の顔までも見えるほどで、約千名の人が殺されました。

近くには学徒動員で四国から来た女学生の寮や軍需工場があり、焼夷弾の火に追われ、淀川の堤防に逃げましたが、そこを狙われ、殺された人もいました。

肉片が公園の木々にぶら下がり、首も手足ももげた無残な様子で、死者の名前も一部しかわかりませんでした。

死者は、堤防の河原で野焼きにし、何本か建てられている木の杭の下に、遺骨が埋められています。

惨状を目撃した東浦栄二郎さんは、「自分はかろうじて助かったが地獄を見た」と、家の庭石に「千人つか」と刻んだ慰霊塔を建立しました。今は息子の栄一さんが、毎年六月七日に慰霊祭をおこなっています。

西濱《にしはま》の太鼓物語《たいこものがたり》

冬が過《す》ぎ、春になると、大阪の四天王寺《してんのうじ》さんでは、「寒さの果《は》てもおしょうらい」*いうて、聖徳太子《しょうとくたいし》のお祭《まつ》りがある。

ドーン！　ドーン！　大太鼓《おおだいこ》の音が町じゅうに響《ひび》きわたると、境内《けいだい》は、人、人、人でごったがえす。

「みごとな太鼓やなぁ。太鼓の幅《はば》、両手広げても届《とど》かんでえ」

「火焔《かえん》太鼓、いうんや。赤や青、それに金色の大きな炎《ほのお》が、太鼓のまわりを囲《かこ》んでるやろ」

「炎の上、見てみぃ。左側のは龍《りゅう》が、右側は鳳凰《ほうおう》が彫《ほ》っ

おしょうらい…四天王寺の聖《しょう》霊会《りょうえ》のことで、聖徳太子のご命日（旧暦二月二二日。現在は四月二二日）に奉納される舞楽大法要のこと。

たある。その上にも、細長《ほそなが》い棹《さお》がのびてるのん、見えるか？」

「えっと、太鼓の高さは、おとなの背《せ》ぇ、三人足《た》したより高いで」

こんなやりとりが、境内でかわされていた。

この大太鼓を作ったのは、だれかわからんのやが、そのむかし、大阪の西濱《にしはま》には名だたる太鼓職人《しょくにん》がいた。このあたりには、太鼓屋屋敷《やしき》が立ち並《なら》び、古くからの神社が祀《まつ》られていたが、そこに、こんな話が伝《つた》えられているんや。

今から七十年ほど前の、夕ぐれのこと。

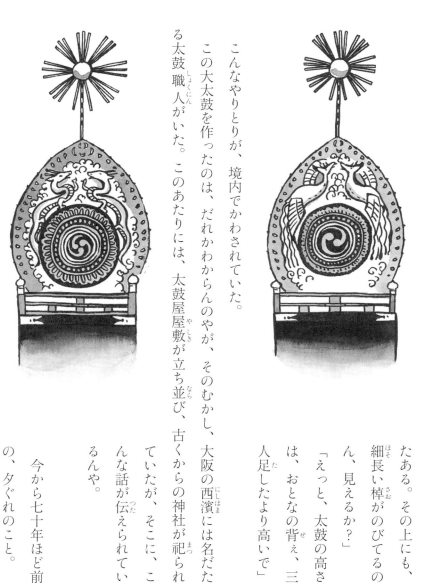

ひとりの太鼓職人《たいこしょくにん》の若者《わかもの》が太鼓屋のあった屋敷《やしき》のあたりを通りかかると、見たこともない美しい娘《むすめ》が、どこからともなく現《あらわ》れた。

「どっから来なさったんや」と、尋《たず》ねると、娘は、

「太鼓屋又兵衛《またべえ》さんのお屋敷から」と答えたが、泣《な》いている様子やった。

「どうしたんや？」「あすの夜、恐《おそ》ろしいことがおこります」

そう言うなり、娘の姿《すがた》は、かき消えてしまった。

若者はぞおっとなって、急いで家にもどったが、娘がどこに消えたのか、ふしぎでならなかった。

そこで翌日《よく》、きのう娘と出会った場所《ばしょ》に行ってみると、古《ふる》くからの神社の一番大きな木が、根元から無残《むざん》に折《お》れていた。

若者は胸騒《むなさわ》ぎがし、物知りのおばあさんに尋ねた。

「むかし、わしのひいばあさんから聞いたことやが、あのあたりの一番大きな木には、白《しろ》蛇《へび》が住んでるそうや。この木を切り倒《たお》すと、みーさんの祟《たた》りがある。恐ろしいことがおこらねばよいが……」

その夜、おばあさんの心配したとおりになった。

一九四五（昭和二〇）年三月一三日、アメリカ軍の戦闘機《せんとうき》Ｂ29二百五十機《き》が大阪に現れ、焼《しょう》夷弾《いだん》を雨あられと落としていった。

大《おお》ぜいの人が亡《な》くなり、屋敷はもちろんのこと、あたり一面焼《いちめんや》け野原となってしまった。

月日がたち、町の姿は変《か》わったけれど、太鼓作りの技《わざ》と誇《ほこ》りだけは、焼きはらえなんだ。

誇りは、若者たちの心に脈々《みゃくみゃく》と引き継《つ》がれ、太鼓集団「怒《いかり》」の演奏《えんそう》になって、よみがえった。そーれ、ド、ドーン、ドン！　とな。

語りのヒント

西濱の名だたる太鼓職人に、代々「太鼓屋又兵衛」を名のる職人がいました。豊臣秀吉の時代、平八という太鼓職人が、時刻を三里四方に知らせる「時《とき》太鼓」を大坂城に奉納し、その子孫が、「太鼓屋又兵衛」という名を継いできました。江戸の中ごろになると、太鼓作りだけでなしに、さまざまな皮革の商いをし、莫大《ばくだい》な富を築き、このあたり一帯は、太鼓屋の豪商のお屋敷が立ち並んでいたといわれています。

一九五六（昭和三一）年、傷んだ火焔太鼓を修理したのは、西濱の太鼓職人でした。

ベレー帽《ぼう》のおっちゃん

少しむかし、大阪のまちに、分厚《ぶあつ》い黒メガネをかけて、いつもベレー帽をかぶっているハイカラなおっちゃんがいました。

ほんとの名前は「喜一《きいち》」でしたが、母親《ははおや》は「いち」と呼《よ》んでいました。

いちは、若《わか》いころから、水平社《すいへいしゃ》*の運動に参加し、差別《さべつ》する者に対してはとことん抗議《こうぎ》していたので、しょっちゅう警察《けいさつ》に逮捕《たいほ》されていました。すると、

「いちを返さんかい！」

と、すぐに母親が、警察に怒鳴《どな》り込《こ》みにいくのです。

そして、いちが釈放《しゃくほう》されるたびに、母親はお金を工面《くめん》して、みんなにごちそうをふるまっていました。

水平社…一九二二（大正一一）年に被差別部落の自主解放をめざして創立された団体。西光万吉、阪本清一郎らを中心に、奈良、三重、大阪などにある被差別部落の青年が呼びかけ、京都で開かれた創立大会には全国から二千人あまりの代表者が参加した。

結婚《けっこん》してからも、いちは水平社の運動を続け、今度は五年間、刑務所《けいむしょ》に入れられました。そのあいだに、長女が突然《とつぜん》亡《な》くなり、いちは刑事《けいじ》ふたりにつきそわれて、お葬式《そうしき》にきました。手錠《てじょう》をしたまま焼香《しょうこう》し、家族とは言葉ひとつ、かわせませんでした。

ずいぶんあとになってから、娘《むすめ》が、

「刑務所ってどんなところ?」と、尋《たず》ねたことがあります。

「まぁ、ええところとは言えんな。一番らくなんが、正座《せいざ》やからな。ほんまに、狭《せま》い狭い独房《どくぼう》やった」

ぽつりぽつり、いちはこれだけ語っただけでした。

戦後五年目、苦労をかけどおした妻《つま》が亡《な》くなり、それでも、いちは相変《あいか》わらず運動ひとすじで、四人の娘は生活するのがたいへんでした。その当時を娘は、こんなふうに語っています。

「空《から》の米びつに文無《もんな》しほど、こわいもん、あらへん」

とにかく、娘たちはたまりかねて、

「お父ちゃん、運動をとるんか、うちらをとるんか、どっちや」

と、迫《せま》りました。いちは、じっと腕組《うでぐ》みしたまま考えていました。

「運動はやめん！　苦しみを乗りこえたら、必《かなら》ずようなるから」

いちは、きっぱり言ったそうです。けれど、娘《むすめ》たちにがまんするよう言いきかせた手前、しばらく家には帰れませんでした。

その後は、いつもどこへ行くのにも、買い物かごを持ち歩き、娘に頼《たの》まれた買い物をするときのうれしそうな顔は、父親の顔そのものでした。


数年たった、二月のめっきり寒い日のことでした。

「この町を、どうしたらええんや」

みんながいちの家に集まり、かんかんがくがく話し合《あ》いをしていると、いちが、階段《かいだん》をゆっくりゆっくり、上ってきました。

「おっちゃん！　えらい、おそかったなあ」

いちは上着《うわぎ》を脱《ぬ》ぎながら、けったいなことを言いました。

「わしに、もしものことがあったら、弔辞《ちょうじ》、たのむわな」

みんな、あっけにとられて、

「何言うてんのん。早《は》よ再婚《さいこん》しぃ、祝辞《しゅくじ》、言わしてもらうわ」

「ははっ！　よっしゃー、ほな、そうしよ！」

みんなは、しばらく、いちを囲《かこ》んで話していましたが、

「おっちゃん、おおきに！　また来るわ。さいなら」

と、帰っていきました。

これが、ベレー帽《ぼう》のおっちゃん、いちとの最後でした。

はだかでワッショイ！

むかし、平野川《ひらのがわ》が大きく曲がり、流れを変《か》えるあたりに、小さな村があった。

大雨がふるたびに堤防《ていぼう》が切れ、大水が家の中まで押《お》し寄《よ》せてきた。

堤防の高さがちがっていたからや。向こう岸を高く、こっちはずっと低くして、川向こうの田んぼが助かるようにしてあった。

この村の近くに、古くから平野郷《ごう》*の守り神「杭全《くまた》神社」がある。

神社の夏祭《まつ》りは、それはそれはにぎやかで、前の日、この村が、みこしや山車《だし》の通る道をきれいに掃《は》いてきよめ、祭りの日は、行列の先頭で提灯《ちょうちん》持ちをした。

けれども、村の衆《しゅう》は、山車を引くこともみこしを担《かつ》ぐことも、許《ゆる》されなかった。

ある年の祭りが近づいた夜、若者《わかもの》たちの寄《よ》り合いで、安吉《やすきち》が、

平野郷…交通の要衝の平野郷は、大和川の川筋にある「寺内町《じないちょう》」として、商工業の栄えた町だった。

「おとうも、おじいも、そのずっと前から、掃除《そうじ》や提灯持ちをしてるが、それだけで、祭りにくわわったんと言えるんか！」

「そうや、そうや」「おれも、おかしいと思ってたんや」

一番年かさの太吉《たきち》が、

「まあ、そう怒《おこ》るな。わしらの親も、祭りのエライさんに何度もかけ合《お》うたけど、しきたりやからと、あかんかったんや」

と、あきらめ顔でなだめたが、年下の連中《れんちゅう》は、

「筋《すじ》の通らんしきたりなんぞ、くそくらえや！　こうなったら直談判《じかだんぱん》や！」

と、翌日《よく》、祭りの責任者《せきにん》のもとへ押《お》しかけた。

「まあまあ、あんたらの気持ちはようわかる。けどな、しきたりを変えたら、神《かみ》さんの罰《ばち》があたるやもしれん。しきたりは変えられん」

と、とりつくしまもなかった。それを聞いて、太吉までも、

「今度こそ、腹《はら》を決《き》めたぞ。みこしを担ぐ。太鼓《たいこ》もたたく！」

と、言いだした。けれど、安吉には、心配なことがあった。

「法被《はっぴ》を買う金は、どうする？」

「それも、そうやなぁ」

みんな、頭を抱《かか》えてしもた。

しばらくして、太吉がポン！

とひざを打った。

「いっそのこと、はだかで担《かつ》いだら、どうや？」

「そやそや！　はだかで、あっと言わしたろ！」


いよいよ、祭《まつ》りの当日が来た。

真《ま》っ新《さら》なふんどし姿《すがた》の若者たちに、村の年寄《よ》りもくわわって、おおぜいで押《お》しかけた。

「まあまあ、これからは、みこしを担《かつ》いでくれてもええ」

多勢《たぜい》に無勢《ぶぜい》、祭りの責任者も、しぶしぶこれを認めた。

ワッショイワッショイ、それ引け、ワッショイ。

小さな村は、正式に杭全《くまた》神社の氏子《うじこ》になって、大きなみこしを担ぎ、山車《だし》も引くようになった。

平野郷《ひらのごう》の出入り口のひとつ、市ノ口《いちのくち》のお地蔵《じぞう》さんは、なんにも言わんけど、にこにこと笑《わら》ってらっしゃる。

語りのヒント

市ノ口の地蔵堂は、平野郷に十三ある出入り口の中でも最も大きな地蔵堂です。国道25号線の開通のため、もともとあったところから、現在は場所を変えています。

かつてこの地蔵堂は、排除と差別のシンボルでしたが、時を経て、地域共存、共生のシンボルにしていきたいものです。

ごん太地蔵《じぞう》

昔むかし、大阪の住吉大社《すみよしたいしゃ》の近くの森に、ごん太というくいしんぼぎつねがいた。

「おいしいもん、ラクチンに食べられたら、ええのになぁ」

ごん太は、いつも、こんなことばっかり考えていた。

冬も近くなり、森には食べもんがなくなってきた。ごん太は、ふもとのふたつの村を見比《くら》べながら、

「どち、どち、どちらに、しようかな……」

日がくれてから、大きな村のほうへ出かけていくことにした。

大きな村につくと、ぷ～んといいにおいが、一番大きな家からただよってきた。

「しめしめ、今夜《こんや》はごちそうにありつけるぞ!」

ごん太が裏口《うらぐち》からのぞいたとたん、

「こらー、どろぼうぎつねめー」

ざぶーんと、頭から冷《つめ》たい水をかけられ、おまけにいたずらぼうずから石を投げられた。

ごん太は、走って走ってやっと、小さな村のはずれの木の根元《ねもと》まで逃げてくると、こてん！　と、ひっくり返《かえ》ってしまった。


ゴーン！　お寺の鐘《かね》の音で、ごん太は目が覚《さ》めた。くんくんくん……頭の横《よこ》に、大きなにぎり飯《めし》が三つ、おいてあった。

「神《かみ》さんか、仏《ほとけ》さんかわからんけど、おおきに！」

むしゃむしゃむしゃ……。

じつは、眠《ねむ》ってる間《ま》に、がりがりのきつねを見たおばあさんが、家から持ってきてくれたのやった。

つぎの朝、ごん太はすっかり元気になって、小さな村の入り口へ行くと、向こうからこわそうな犬がやってきた。「ついて来い！」と、せまい道を、あっちへ曲がりこっちへ曲がりして、村の中へ連《つ》れていってくれた。

ごん太は、きょろきょろしながら、さっきから気になってることを聞いてみた。

「あのう、食《く》いもんは、どこにあるんで？」

「心配《しんぱい》せんでええ。ここらのにんげんが、ちゃあんとくれよるから」

このひと言で、ごん太はここに住むことにした。

やがて、近くの竹やぶのきつねといっしょになり、かわいい子が四ひきも生まれ、楽しい毎日が続いた。


そんなしあわせな年の、冬の寒《さむ》い寒い日のことやった。

小さな村には、炭《すみ》を売る店が一けんあった。その店から、火がばあーっと出た。にんげんは、バケツに井戸《いど》の水をくんで、いっしょうけんめい火事を消そうとした。ところが、ぴゅーっと強い風が吹きあがって、火がとなりに燃《も》えうつろうとしてた。

「このままでは、村が丸焼けになるぞ！」「神《かみ》さま、仏《ほとけ》さま！」

その時、ごん太が、燃えさかる家の前に立ちはだかった。

ごん太の顔は、閻魔大王《えんまだいおう》のようにまっ赤《か》になり、体は大きく大きくふくらんでいった。

すると、強い風がごん太の体でさえぎられて、火の勢《いきお》いがだんだん弱《よわ》まっていった。

水をかけると、火はじゅ〜っと音をたてて、消えた。

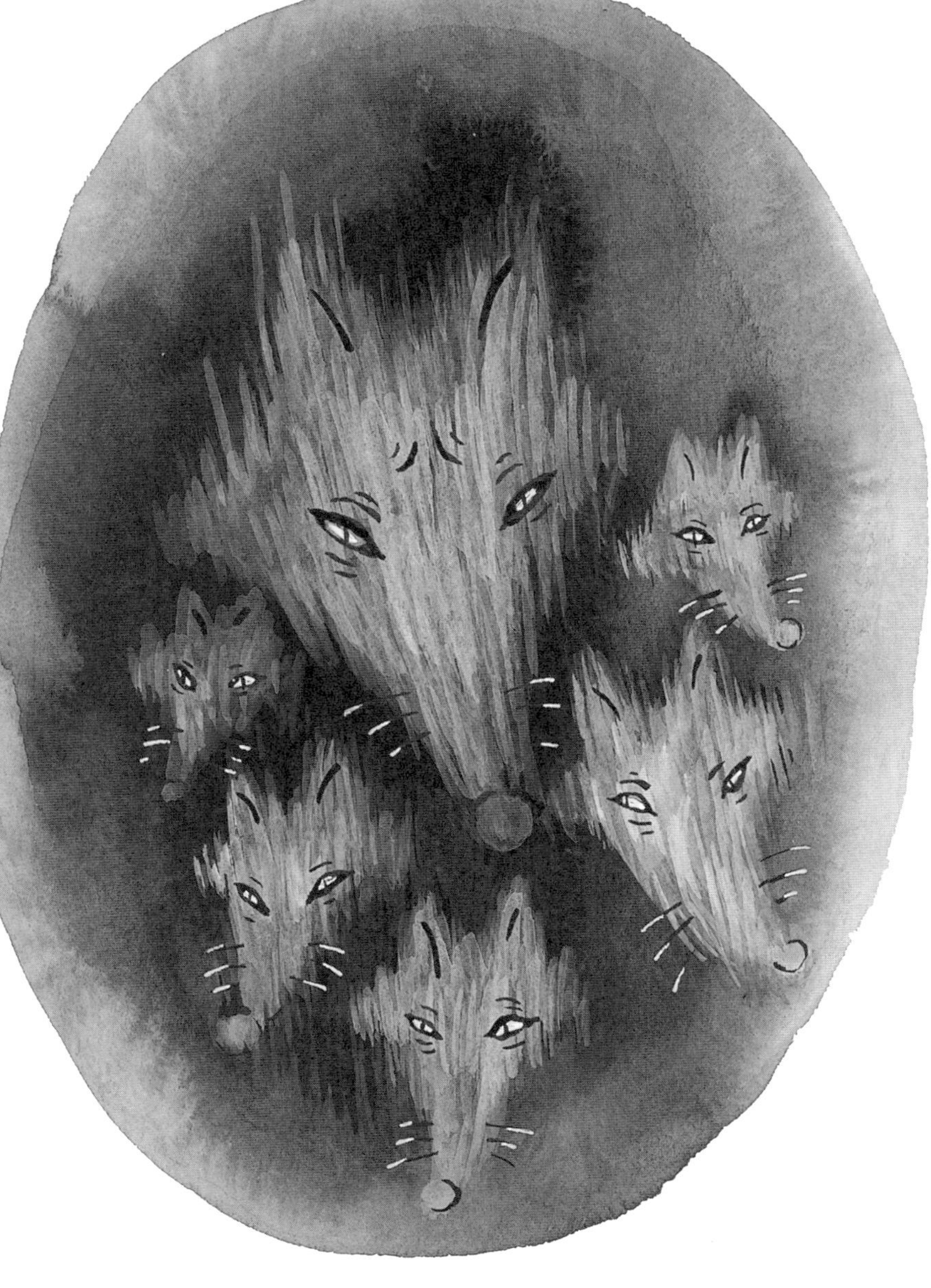

「火が消えたぞ〜」「ごん太が、火を消しよった！」

ぶすぶすと焼けくずれた家の下じきになって、二ひきの親ぎつねと四ひきの子ぎつねが、並《なら》んで死んでいた。

あの火事から、ずいぶん年月《としつき》がたった。

親子のきつねの墓《はか》には、小さな祠《ほこら》がたち、お供《そな》えやお花がとだえたことがない。

村には、広い道路も通り、火事になっても燃えんよう、鉄筋住宅《てっきんじゅうたく》が立ち並んだ。そのあいだに緑の公園もできた。

ほんまにすみよい町になった。こんこん、こんでおしまい。

ええらさんの牛

ええらさんは「ばりきおい*」の仕事をしていた。

頼《たの》まれた荷物《にもつ》をたくさん積《つ》んで、牛のたづなを持ち、遠く奈良《なら》や京都《きょうと》まで、ゴロゴロゴロゴロと、ばりきを引いていく。

ええらさんの牛は、畑や田んぼでも、よう働《はたら》いた。そやから、牛は宝物《たからもの》、家族みんなで世話をしていた。

夏のある日、ええらさんは、いつものように、牛を空《あ》き地につなぐと、牛はのんびり草を食べはじめた。ひと仕事終《お》えて、「どれどれ、牛をつれに行こかいなぁ」と、行ってみると、牛の姿《すがた》がどこにもない。

「ありゃあ、つないどった緒《お》が切れとるわ」


ばりき…馬力、荷馬車のこと。

その時や。ンモーォと悲《かな》しそうな声が、井戸《いど》のほうから聞こえてきた。ええらさんは、井戸をのぞいて、血相《けっそう》をかえた。

「えらいこっちゃ！　牛がはまっとる！」

ええらさんは家にとんで帰り、たんご*をかつぐと、井戸へ引き返していった。後ろから娘《むすめ》も嫁《よめ》さんも走った。村の人も続いて走ってきた。

ンモー、ンモー、ンモー、ンモー。

みんなは、井戸をのぞいてみた。

「入り口はせばいけど、下のほうは広いなぁ」

「なんや？　水がちょっとしかあらへんで」

「けど深いでぇ。わいの背ぇの三倍くらいもあるがな」

わいわい言うていると、たんごに水をくんだええらさんが、戻《もど》ってきた。そして、井戸の上にすっぽり菰《こも》*をかぶせて、上から水を、ジャアーッと入れた。直接《ちょくせつ》水が牛にかかったら、いたいもんな。

「おとう、なんで水入れんのん？」

「こうして少しずつ入れたら、そのうち牛が浮《う》いてくるやろ」

たんご…桶を表す。天秤棒《てんびんぼう》の前後に吊るして運んだ。

菰…荒く織ったムシロ。

「それ！　ワッショイ、ワッショイ」

みんな一列に並《なら》んで、田んぼの水路から水をくみあげ、井戸まで運んだ。

「はよせえ！　牛が弱《よわ》るぞぉ！」

「よっしゃ、たまってきた！　たまってきた！」

菰をはずすと、牛が首だけ出して、水に浮かんでた。

「おー生きとる！　生きとる！」

そこへ、ええらさんが、長い丸太を三本かついできた。てっぺんを縄《なわ》でしっかりゆわえ、足のほうを三角形に広げて、上に滑車《かっしゃ》*をつけ、井戸に立てた。

「じゅんび、オッケー！」

ふんどしいっちょのええらさんが、滑車にかけたロープのはしを持って、そろそろ井戸の底へ下りていった。みんなはロープの反対側《がわ》を引《ひ》っ張《ぱ》って、ええらさんがいっぺんに落ちんようにしている。胸《むね》まで水につかると、ええらさんは、牛の体にロープをぐるぐると巻《ま》きつけた。

滑車…中央に軸を持つ回転する円盤。ロープなどを円盤の周囲にかけて使う。

「ええぞぉ、引っ張《ぱ》り上げてくれ！」

「よいしょ、よいしょ、よいしょ、よいしょ……」

ゆっくり、牛が上がってきた。続《つづ》いて、ええらさんも上げる。

「よかった、よかった！」

「おおきに、おおきに！」

ええらさんが何べんも頭を下げてる横で、牛はぶるぶるふるえていた。娘《むすめ》と嫁《よめ》さんが、かわいたボロで、牛の体をごしごしこすってやった。

まっ赤な夕日の下、モーッとひと声、牛が鳴《な》いた。

水ふきいちょう

むかし、大阪の南、大和《やまと》川の近くの村の寺に、それはそれは大きないちょうの木がありました。

これは、いちょうの木の神《かみ》さんから聞いた話です。

あれは大正《たいしょう》九（一九二〇）年、わしがまだ元気なころやった。

寺の庫裡《くり》*から火が出て、あっという間《ま》に本堂《ほんどう》が燃《も》え上がった。住職《じゅうしょく》が炎《ほのお》の中に飛《と》び込《ご》んで、阿弥陀様《あみださま》*だけ持ち出すのが、せいいっぱいやった。

寺は村の中心やから、まわりには家がぎっしりあ

庫裡…寺の台所、住職の家族の居間。
阿弥陀様…浄土真宗の本尊。

る。村の衆《しゅう》がかけつけてきた。

「たいへんや、お寺が火事《かじ》や」

「早《は》よ、消せ〜っ！」

もう手のほどこしようがなかった。

「なんまんだぶ、なんまんだぶ……」

炎《ほのお》は、寺の門のそばのわしのとこまで、
近づいてきた。

「あぶない！　火の粉《こ》がとんでくるぞ！」

わしは、ウァーン、ウァーン、ウァーン……

と、うなった。

そして、枝《えだ》の先や幹《みき》から、水を四方八方《しほうはっぽう》に
噴《ふ》き出した。

ビシャーッ、ビシャーッ、ビシャーッ……。

たちまち、火は消えていきよった。

ぶすぶすぶす、ぶすぶすぶす、ぶすぶすぶ

す……。

「ありがたい、ありがたい」と、みんな、わしを拝《おが》んだ。

まあ、わしが水をふいたおかげで、寺の太鼓堂《たいこどう》と門だけは焼け残って、村も丸焼けにならずにすんだからな。

そのかわり、枝やら幹やら焼けこげたわしは、立ち枯《が》れてしもたんや。


しばらくして、新しい寺が建《た》つことになった。

「こないに枯《か》れてしもたら、もうあかんな」

わしは、てっきり捨《す》てられると覚悟《かくご》してたら、村の衆が、

「いちょうは、わしらの恩人《おんじん》や。何とかならんか」

と、大工《だいく》の棟梁《とうりょう》に頼《たの》んでくれたんや。

「うーん、木魚《もくぎょ》にもならんな……」

棟梁は、しばらく腕組《うでぐ》みして、考えておった。

「そうや！　村の守《まも》り神《がみ》さんになってもらおう」

というわけで、わしは新しい本堂《ほんどう》の下に移《うつ》されたんや。

いちょうの木の神《かみ》さんは、縁《えん》の下の力持ちになって、今もこの村を見守《みまも》っていはるんや。

語りのヒント

いちょうは「生きている化石」といわれています。約一億年前は広く分布し、その仲間のなかで、いちょうだけが生き残ったのは、その旺盛な復活力にあります。

いちょうの木がウァーン、ウァーンとうなったほどの火の勢いだったのでしょう。その唸《うな》りを聞いた人たちは、「いちょうが泣いた」「いちょうが水を出した」と思ったのかもしれません。いちょうの木があんまり大きかったから、木のおかげで、火の粉が門や太鼓堂にはいかなかったと思われます。

今のお寺は、一九二〇（大正九）年一二月の火事で本堂は焼けてしまいましたが、門と太鼓堂は焼失しないで残りました。村の人たちは費用を出し合い、再建されたのが、今のお寺です。焼ける前のお寺には、門の横には太鼓堂、その北側に本堂がありました。この本堂には、大切にしていた大きな太鼓が納められていました。門には龍の彫り物がしてあります。彫り物は、左甚五郎のお弟子さんが彫ったと言い伝えられています。

朝の出がけに扇《おうぎ》をひろて

北・中・南河内《かわち》に伝わる話

大きな狛犬《こまいぬ》

河内《かわち》の北条神社《じんじゃ》には、石の狛犬*が二対《につい》、置《お》かれている。

なんで、二対もあるんか、そのわけはこういうことや。


むかし、河内の飯盛山《いいもりやま》のふもとに、ちっぽけな村があった。

ある秋のこと、十歳《とう》になった松吉《まつきち》は、友だちと近くの北条神社に祭《まつ》りを見にいった。

あちこちの村のだんじりが勢《せい》ぞろいしていた。お社《やしろ》の前には、だんじり二台に板を渡《わた》して、芝居《しばい》の舞台《ぶたい》が作られていた。

ドン、ドン、ドンドンドン……太鼓《たいこ》が鳴《な》り、にわか芝居がはじまった。

すると、松吉がふらっと、だんじりににじり寄《よ》っていった。

「おれの村にも、こんなんほしいなぁ」


狛犬…中国から朝鮮半島を経て、入ってきた、神社や寺院の入り口の両脇、あるいは本殿・本堂の正面左右などに置かれるようになった魔よけの犬。

松吉がだんじりにぼおっと見とれていると、

「こら！　だんじりがけがれる！　あっちゃ行け！」

おとなが、松吉を境内《けいだい》からつまみ出した。そこへちょうど、村の世話役《せわやく》の梅《うめ》やんが通りかかった。

「松吉なくな、りっぱなだんじり、わしが、きっと手に入れたるからな」

十年後、梅やんは、肉店《にくみせ》*を開いた庄《しょう》やんに、相談した。

「庄やん、だんじり、安く売ってくれるところ、知らんか」

「中河内《なかがわち》のだんじり、売りに出てるらしいぞ」

ふたりで見にいくと、まだまだ使える、ええだんじりや。

「おおまけして、百六十五円！　びた一文《いちもん》、負けられん」

今のお金の価値《かち》とちがって、ものすごい大金《たいきん》や。

「こないな金、できるんやろか」と、ふたりとも頭を抱《かか》えたが、ともかく、村のみんなに集まってもらい、知恵《ちえ》を借《か》りることにした。

「だんじりないんは、ほんま、みじめなもんや」

肉店…店を構えている精肉店のこと。

「子ども時分《じぶん》、いやっちゅうほど味《あじ》わったなぁ」

「いったい、だんじり、何ぼぐらいするねん」

「百六十五円に負けたるって」

「ええ！」

みんな、思わず息をのんだ。それもそのはず、そのころは百円もあれば新しい家が一軒《けん》買えた。すると、庄《しょう》やんが言った。

「わしと梅《うめ》やんで百円出す。そやから、残りの六十五円、何とかみんなで工面《くめん》してくれんか」

みんな黙《だま》りこくってしまった。すると、松吉《まつきち》が、ええことを思いついた。

「そや、一銭講《いっせんこう》*したら、どうや。ぞうり、今よりようけ作って、毎日ひとり一銭ずつ、積《つ》み立てていこうや」

「それやったら、わしにもできる」「うちも」「おれもや」

こうして、ぞうり作りの一銭講がはじまった。

一年後、ついに百六十五円がたまり、だんじりを買うことができた。

講…ここでは、民間の金融組合の一種のこと。

松吉が先頭になって、意気揚々《いきようよう》とだんじりを引き、東高野街道《ひがしこうやかいどう》にくり出した。その時や。ばらばらっと男十数人が来て、通せんぼをした。

「おまえらのだんじりは、中河内《なかがわち》のもんやろ。ここは北河内の道や。こっから先の土の上は、そのだんじり、通らせんぞぉ」

「ムチャを通す気やな、腕《うで》づくでも通ってみせたる！」

松吉がどなった。梅やんが、あわてて、押《お》しとどめた。

「まってくれ。そっちの土の上を、踏《ふ》まんかったらええんやな」

梅やんは、だんじりをばらして、仲間《なかま》の肩《かた》に担《かつ》がせて通った。文句《もんく》をいわせぬ態度《たいど》に、しぶしぶ相手も引き下がったんや。

そののちも、あれこれ難《なん》くせは続いたが、相手も根負《こんま》けしたのか、とうとう、ある条《じょう》件《けん》を出してきた。

「神社《じんじゃ》に、永久に残るものを寄付《きふ》したら、認《みと》めたる」

よくよく考えた末に、大きな狛犬《こまいぬ》を一対《いっつい》、寄付することにした。

一九一三（大正《たいしょう》二）年一〇月、父親になった松吉は、赤んぼを抱《だ》いて、だんじりを引き、ついに宮入《みやい》り*をはたした。

宮入り…氏子中の各町内会のみこしが町内を渡御《とぎょ》したあとに地元の神社へ入り、社殿前で神官にお祓いを受けること。

「よーいさあ、ドンデンドン!」

狛犬《こまいぬ》さん、これからも、しっかり見守《みまも》っていってや!

ひよこ売り

昔むかし、生駒山《いこまやま》のふもとに、小さな村があった。

村の男たちは、ひよこの行商《ぎょうしょう》をしていた。

ある日のこと、のんきもんの留吉《とめきち》が、「わしもやってみよかなあ」と思い、藤《とう》やんに相《そう》談《だん》にいった。

「わしについて来い。よう見て、覚《おぼ》えるんやぞ」

あくる日、藤やんは留吉を、ひよこ問屋《どんや》に連《つ》れていった。

「ええか、名古屋《なごや》の卸《おろし》問屋で、めんどりのひよこは抜《ぬ》いてある。そやから、ここのは全部おんどりのひよこやぞ」

ふたりは大きなかごにひよこを入れて、天秤棒《てんびんぼう》の前と後ろに担《かつ》ぎ、少し離《はな》れた山ぞいの村に売りにいった。

「こんにちは。ひよこ、どないですか」

藤《とう》やんはずんずん農家に入っていき、おんどりのひよこを、

「お尻《しり》に赤い色がついているのん、めんどりでっせ」

と、でまかせを言って、ひよこを売った。留吉《とめきち》が目をまるくしていると、帰る道みち、藤やんは、念《ねん》をおした。

「生活のためや。けど二度と同じ家に行ったら、あかんぞ」

留吉は、うん、うんとうなずいた。


つぎの日、留吉はひとりで電車に乗って、木津《きづ》に行った。

おそるおそる一けんの農家に入っていくと、気のよさそうなおばあさんが出てきた。

「イキのいいひよこ、どないです。こちらはお庭が広いさかいに、放《はな》し飼《が》いできまっせ」

「おんどりはうちにおるから、めんどりのひよこ、十羽《じっぱ》おくれ」

そこで留吉は、藤やんの言うたとおり、

「お尻に赤い色がついているのん、めんどりです」

と言うと、おばあさんは、十羽買ってくれた。はじめての商売《しょうばい》がうまくいったので、留吉はほくほくして、それからというもの、京都《きょうと》や奈良《なら》、和歌山《わかやま》まで、売り歩いた。

何年かたち、留吉はまた、木津川ぞいに出かけていった。

とちゅうで、のどがかわいたので、一けんの農家に立ち寄《よ》った。若いお嫁《よめ》さんが、親切に、井戸《いど》水を飲《の》ませてくれた。お嫁さんは、留吉の竹かごに目をとめると、

「そうそう、何年か前、亡《な》くなった姑《しゅうとめ》さんが、めんどりのひよこや

言われて買《こ》うたんが、うちにいますねん」

と、話しはじめたので、留吉《とめきち》は、ドキッとした。

「それが、あんた、しばらくして大きなトサカが出てきて、コケコッコーって、毎朝鳴《な》きますねん。あれあれっ、おかしいなぁと思てたら、みんな、おんどりでしてん」

留吉は、冷や汗がどうっと出た。お嫁《よめ》さんは、なおも、

「だまされた言うて、姑《しゅうとめ》さん怒《おこ》ったはりました。けどな、朝早《はよ》から仕事ができますやろ、目覚《めざ》まし時計やと思たら、ありがたいことですわ」

留吉は、「はあ、そうですなぁ」と答《こた》えたものの、「二度と同じ家に行くな」と、藤《とう》やんにクギをさされていたのを思い出し、一刻《いっこく》も早く、その場を立ち去りたかった。

「『何事《なにごと》も、いいように考えたらうまいことなる』って、姑さん、言うてはりましたわ」

留吉は、あいさつもそこそこに引き上げていった。

それからというもの、留吉は考えるところがあって、ひよこの行商《ぎょうしょう》は、きっぱりやめましたんやて。もうケッコー。

おもろいおっちゃん

今から、五十年ほど前のこと。

私らの村はみんなが貧しく、日雇《ひやと》いで暮《く》らしている人がほとんどでした。けんかはする、悪さはする、けどふだんは、だれかが困っていたら骨身《ほねみ》を惜《お》しまん、気のいい人ばっかりでした。

これから話すのは、「わしはな、高倉健《たかくらけん》や」と自分でいう、ケンサンのことです。

ケンサンは、ふだんは、はだかに腹巻《はらまき》して、ステテコ*を履《は》いてました。けど、仕事で出かけるときは、裾《すそ》がすぼまったズボンをはいて、パリッと上着《うわぎ》を着て、一丁前《いっちょまえ》の格好《かっこう》に決めていました。

「ケンサン、今日はどこ行くんや」

ステテコ…ひざのあたりまである、ズボンの下にはく男性用の下着。

「ほれ、あこの駅《えき》前の闇市《やみいち》や。靴墨《くつずみ》、売りに行くねん」

あのころは、何でも売れたんです。

ケンサンの靴墨の正体《しょうたい》は、入れ物の下半分が、近くの蓮《はす》池の底の泥《どろ》で、本物は上半分だけ。ケンサンは、

「どっちもまっ黒や、わかるかいな」と言うけど、私らは、

「警察《けいさつ》につかまらんやろか」と、心配してました。

「全部売れたでぇ」と、ニコニコして帰ってきたので、

「つかまらんで、ほんま、よかったなぁ」と言うと、

「靴墨が半分のうなる頃《ころ》は、もうあこへは、行かんからな」

という具合《ぐあい》でした。

そうそう、草履《ぞうり》の底裏《そこうら》に、ふつうなら皮をはり付《つ》けて丈夫《じょうぶ》にするところを、ケンサンは安いスルメをはり付けるんです。スルメに靴墨を塗《ぬ》って黒くし、「皮や」いうて、売るわけです。

「スルメの草履買《こ》うた人が、雨におうたら、どないなるやろ?」

見ていて、ひやひやしました。

私らの長屋《ながや》は十二軒《けん》が連《つら》なり、雨が降《ふ》ると、あっちこっち、ピッチャン、ポッチャン、雨もりがします。鍋《なべ》や丼鉢《どんぶりばち》なんかを、「ここやで、こっちやで」って置《お》いてたら、ケンサンがひょっこり、顔を出しました。

「何ドタバタやってんねん。はよ蚊帳《かや》、吊《つ》らんかい。吊ったか？　そしたら、大きいビニールル、蚊帳の上に広げてみぃ」

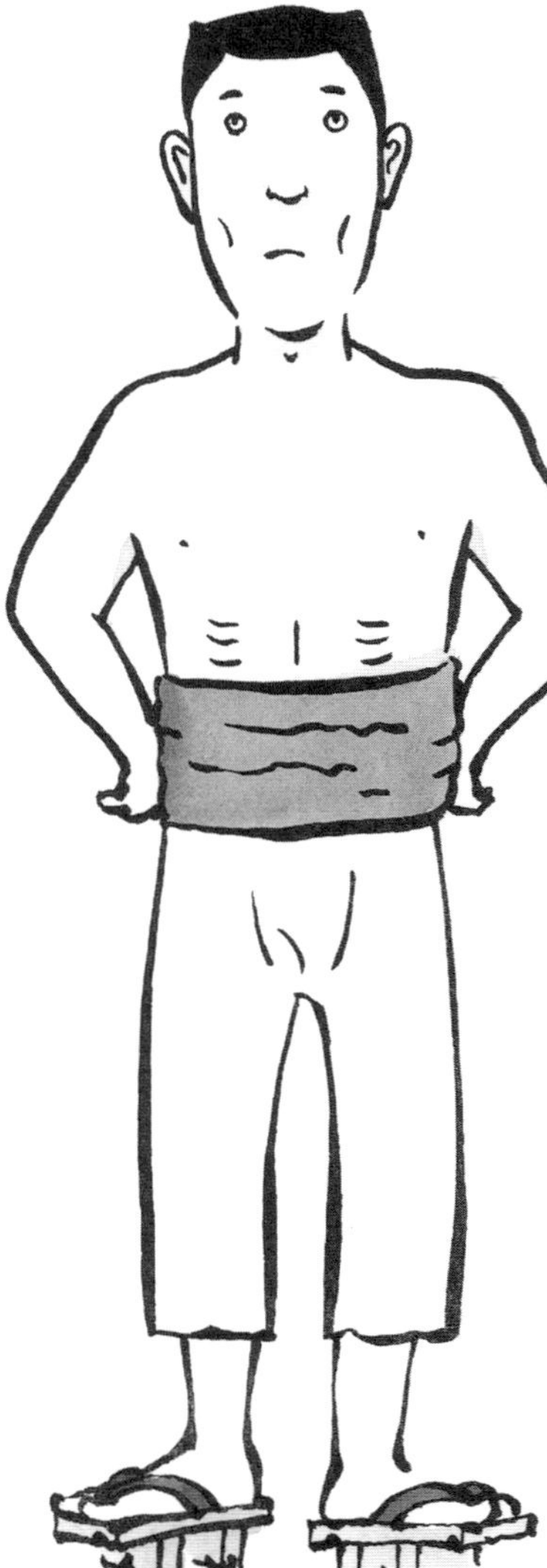

言うとおりにしてたら、ふらーっと出ていってしまいました。

「わー、これええわ！　ケンサン、おおきにぃ」

ケンサンの後《うし》ろ姿《すがた》に向かってお礼を言いました。


長屋《ながや》では、井戸《いど》のまわりで、洗《あら》い物をします。野菜《やさい》も、お米も、お茶碗《ちゃわん》も、もちろん、洗濯《せんたく》物も。流《なが》し場《ば》なんかありません。地面にしゃがんで、世間話《せけんばなし》しながら、洗うんです。「あんなことしたら、笑《わら》われる」「こんなことしたら、警察《けいさつ》につかまる」「そんな時は、この人に相談してみぃ」って、これが「耳学問《みみがくもん》」というやつです。私ら、学校へいってへんけど、こうやって、世間のことを学びました。

井戸が汚《よご》れたら、井戸替《が》え*せんとあきません。危《あぶ》ないたいへんな仕事です、それを、ケンサンがやってくれました。

井戸替えの時期でもないのに、ケンサンのほうから、井戸替えすることもありました。

「え？　またするのん？」「お金が欲しなったんちゃうか？」

「しゃあないなぁ……」みんなでお金を出し合《あ》いました。

時どき、井戸の底にお金が落ちてることもあって、そのお金は、井戸替えした人のもの

*井戸替え…井戸にたまっている水を全部くみ出し、中の掃除をすること。

になる決まりでした。ケンサンは、思った以上のお金が入ったら、子どもたちを駄菓子屋《だがしや》に連《つ》れていってくれました。

あんな時代、あんな人は、もう二度とないでしょうね。

広い空のもとで

大和川《やまと》のそばに、大きな墓《はか》と焼き場《やば》がある村があった。

その村に、亡《な》くなった人を焼き、墓守《も》りをしている家族が住んでいた。

明《あきら》は、墓守りの息子《むすこ》や。

明には、小さいころから気になることがあった。

「みんな、うちの家族を、へんな目で見てるみたいや」

ある日、思いきって、父親に聞いてみた。

「それはなぁ、わしらの仕事のせいやろ。死んだ者を弔《とむら》うのは大事なことやが、自分でやるとなると話は別や。だれもやりたがらん。この仕事、おまえはどう思う?」

「よう、わからん」

「えらい人も貧《まず》しい人もな、
必ず死ぬやろ。死んだ体を
放《ほう》っとくと、どうなる？
蛆《うじ》がわく。だれかが焼いて
やらんと。それを先祖代々《せんぞだいだい》、うちがやってきたんや」
「それやったら、なんで、いやがられるん？」
「おおかた、死んだ人がこわいんやろ。大むかし、行基《ぎょうき》*さんというえらい人が、はじめはったことやのに、なぁ」
この時の明には、父親の話は、まだようわからんかった。

明は高校を卒業すると、親の仕事を継《つ》ぐ決心をした。まもなく、同じ村に住む同級生の由美《ゆみ》ともつきあいはじめた。由美は母親といっしょに、ブラシの毛植《けう》えの仕事をしている。

二十五歳《さい》になったとき、ふたりは結婚《けっこん》の約束《やくそく》をして、それ

行基…奈良時代、和泉国に生まれ、百済系渡来人の子孫で、近畿地方を中心に民衆とともに道路・堤防・橋や寺院の建設をすすめた僧。この村の墓地の東側には、行基が作ったという墓がある。

ぞれの家族に打ち明けた。

ところが驚《おどろ》いたことに、両方の家族から猛反対《もうはんたい》された。

「同じ村同士やのに、なんであかんのや？」

「村の掟《おきて》、あかんといったらあかん」「わしらの運命《うんめい》や、あきらめろ」

ふたりは納得《なっとく》がいかぬまま、駆《か》け落ちし、村から離《はな》れて暮《く》らすようになった。


時は過ぎ、墓守《はかも》りや焼《や》き場《ば》の仕事は、村や家筋《いえすじ》に関係なく、市や民間の事業になった。

明《あきら》は、市に採用《さいよう》され、公務員《こうむいん》として、斎場《さいじょう》*の仕事をするようになった。

「もう、冷《つめ》たい目で見られることも、後《うし》ろ指《ゆび》をさされることもない。これからは胸張《むねは》ってどうどうと生きていける」

明は、はればれと、目の前に広がる空を見上げた。

語りのヒント

弱い者同士のなかに持ち込まれた差別と分断は、「昔からそういうしきたりだ」と言われながら続いてきましたが、今はこうした事実があったことを知る人もなくなってきました。未来に向かって、差別はなくせるという明かりが見える話です。

斎場…葬儀をおこなう事業および施設。公営施設で火葬場だけを設置することはほぼなくなり、火葬場と葬儀会場を併設した「公営斎場」が設置されるようになっている。

たかおのトンド

河内《かわち》平野《へいや》を流れる、ふたつの川に囲《かこ》まれた低い土地に、大きな村があった。

村の若い男衆《おとこしゅう》は、小正月《こしょうがつ》*の前の日の一四日、お正月の注連縄《しめなわ》や飾《かざ》り物を集めて回る。それを、木村重成《きむらしげなり》*の墓《はか》のそばの、水の張《は》った田んぼに、高く高く積《つ》み上げる。

翌《よく》日のトンドは見ものや。火ぃつけるほうが、東組と西組に分かれて、たいまつを持って、火をつけにいくんや。

ところがどっこい、邪魔《じゃま》するもんが現《あらわ》れる。すもうとりみたいな五人の鬼《おに》が、氷のはった田んぼの水を、パシャパシャ……長い竿《さお》でたたくんや。「火ぃつけよう」「いや、そうはささん」と、押《お》したりひいたり……。見物人はわあ〜っと拍手喝采《はくしゅかっさい》。夜明《よあ》けの太鼓《たいこ》が鳴《な》るまで続くお祭《まつ》りや。


小正月…「正月（大正月）」に対し、一五日のことをいう。小正月の代表的な行事のひとつとして、正月飾りを燃やす悪霊払いの「トンド焼き」などがある。

木村重成…豊臣秀吉の息子、秀頼の小姓を務め、秀頼の四天王といわれた人物。大坂夏の陣で果敢に戦って、負けて首を取られたが、その墓は今でも掃除が行き届き、花やお供えもされ、大切に守られている。墓に植えてある松の葉は、寝しょんべん封じのおまじないとされてきた。

ある年、村の青年団《だん》で、たかおが、火を消す鬼《おに》役の責任者《せきにんしゃ》にえらばれた。たかおは、大きな体して、いかにも強そうな顔つきにも似合《にあ》わず、気が弱かった。前の晩《ばん》、

「こんなおれに、責任者なんか務《つと》まるやろか」

と、なかなか寝《ね》つかれんかった。ぎゅう〜っと目ぇつぶってるうちに、夢《ゆめ》の中に、おかんが現《あらわ》れた。松《まつ》の葉を握《にぎ》りしめ、

「おまえはひどい寝しょんべんたれや。ほれ、木村重成《きむらしげなり》の墓《はか》からもろてきたったから、これ、ふとんに敷《し》いてみぃ」

と、言ったところで、たかおは、はっと目が覚《さ》めた。

「重成さんいうたら……大坂夏《おおさか》の陣《じん》で戦《たたか》って、負けて首切られたけど、いまだにみんなに尊敬《そんけい》されてる侍《さむらい》や。そうか！　正々堂々《せいせいどうどう》とぶつかっていったらええんや」

そう気ぃついてから、ぐっすりと眠《ねむ》ることができた。

翌《よく》日は、いよいよ本番や。

「よっしゃあ！　思いっきり、ぶつかっていこや！」

たかおは泥田《どろた》の中を、仲間《なかま》と声かけ合《あ》って、さお竹《だけ》で水をたたきながら、走り回った。

相手も同じ、真剣勝負《しんけんしょうぶ》や。泥だらけになりながら、押《お》しつ押されつしているうちに、ドーン、ドーン、夜明《よあ》けの太鼓《たいこ》が鳴《な》った。

これで鬼《おに》もしまいや。みんなでトンドに火ぃつけた。

「わあ～ッ！」パチパチパチパチパチ……。炎《ほのお》を巻《ま》き上げ、勢《いきお》いよく燃え盛《さか》る火に、願《ねが》いをこめて祈《いの》った。

それからは、火がくすぶらんよう、消す側もつける側も、燃えつきるまで、力を合わせて火を守《まも》った。火が小さく小さくなったら、家から持ってきた縄《なわ》に、トンドの火を移しかえて、家路《いえじ》についた。

翌《よく》朝、その種《たね》火で、小正月《こしょうがつ》の小豆粥《あずきがゆ》を炊《た》いて、無病息災《むびょうそくさい》を祈った。もちろん、たかおは、何ばいも何ばいも、おかわりをした。ごっつぉうさん。

語りのヒント

昭和初期（一九二七～二八年ごろ）ごろまでおこなわれていた、河内きっての男の祭り。大和川から木村重成の墓のそばの田んぼに水を引き、真ん中にやぐらを組んだ。十四歳以上の若者が東西に分かれ、トンドに松明《たいまつ》の火をつけようとする。鬼役の五人の屈強な若者たちが、長い竿竹で氷の張った水をたたきあげて邪魔をする。火つけ側は逃げるが、頃合いを見てまた押し寄せ、鬼もまた水をたたく。鈴なりの見物人は歓声をあげ、拍手喝采する。夜明けに太鼓が鳴り響くと鬼の出番が終わり、みんなでトンドに火をつける。炭のから消しは、歯痛の薬として拾って帰る者もあった。現在は残念ながら途絶えている。

大きなくすのき

むかし、ある村のはずれに、大きなくすのき*が立っていた。くすのきは、天まで届《とど》かんばかりに枝《えだ》をのばしていたので、村でおこることは、何でも知っていた。

くすのきのすぐそばには、おとらの家族が住んでいた。

春も終わるころ、となり村の甚六《じんろく》が、器量《きりょう》よしのおとらに、「おれの嫁《よめ》になってくれ！」と言った。淡《あわ》い黄《き》緑色《みどりいろ》の小さな花をつけたくすのきの下で、ふたりは結婚《けっこん》の約束《やくそく》をした。

ところが、甚六が親に結婚の話をしているとき、おとらの住んでいる村の名前をつげたとたん、父親の顔色がさあっと変わった。

「あかん、あかん。あの村の娘《むすめ》を嫁にでもしたら、おまえの弟や妹の結婚にさしつかえる」

「どうしても結婚したいんなら、家族との縁《えん》を切っておくれ」

くすのき…古来よりくすのきの葉や材は防虫剤、鎮痛剤として用いられ、巨材が得られるという長所から、仏像にも使われていた。

母親にまで反対され、甚六《じんろく》は家を出て、おとらの家に住みついた。

やがて、子どもがふたり、生まれた。

ところが、夏の暑い日、甚六は、「畑の草ひきにいく」と出ていったなり、姿《すがた》を消してしまった。「そのうち、帰ってくるやろ」と待《ま》っていたが、もどってこん。

毎晩《まいばん》子どもを寝《ね》かせると、おとらはふとんをぬけ出し、くすのきに抱《だ》きついて泣《な》いた。すう〜っと、いいにおいがおとらをすっぽりと包《つつ》んだ。

「ええかげんにしぃや。ふたりの子どもを、おまえが食《く》わしていかな」

涙《なみだ》もかれはてたころ、おとらの母親が、村で一番大きい膠《にかわ》工場へ連《つ》れていった。体を動かして働《はたら》くうちに、おとらは、だんだん、くすのきのようにたくましくなっていった。

秋の夕暮《ゆうぐ》れ、おとらは仕事場から、できあがったばっかりの乾《かわ》いた膠を持って帰ってきた。

「お母《かあ》ちゃんの作った膠、光にかざしてみよか」

はだか電球《でんきゅう》の下に、膠の束《たば》を透《す》かして見せた。

「うわあ、きれいやなぁ。お母ちゃん、宝石《ほうせき》みたいや」

きれい

膠は、琥珀色《こはくいろ》*に透きとおっていた。

「膠はな、牛の皮をたいて作るから、暑い夏は溶《と》けてしまう。けど今は寒いから、きれいに固《かた》まるんや」

「すごいなぁ！」

琥珀色…琥珀は樹脂が地中で固化してできたもの。「人類が最初に使用した宝石」ともいわれ、透明感のある黄褐色や、黄色がかった橙《だいだい》色をしている。

「習字の墨《すみ》かて、煤《すす》を膠《にかわ》で固《かた》めて作るんやで」
おとらは誇《ほこ》らしげに話した。そんなおとらと子どもの会話を、くすのきはサワサワと木の枝をゆらしながら、聞いていた。

おとらは、ある日、いつもよりおそく仕事が終わり、仕事着のまま、大いそぎで市場《いちば》に走っていった。気のせいか、すれ違《ちが》う人ごとに、顔をしかめて、陰口《かげぐち》を言っているようやった。

「あんた、ものすごいくさいで。わかってんのんか！」
言われて初めて、おとらは自分のことやと気ぃついた。
くやしいやら、情《なさ》けないやらで、買い物もそこそこに、くすのきにわっと抱《だ》きついた。
小さな黒紫《くろむらさき》の実《み》が、ぱらぱらーっと落ちてきた。膠は、琥珀色《こはくいろ》の宝石《ほうせき》。けど、作る時は、「鼻もかたげる」*ほどの、くさいにおいがしたんや。

あれから五十年。膠工場も閉鎖《へいさ》し、甚六《じんろく》はもどらずじまいや。けど、おとらは孫《まご》もひ孫もできて、今が一番しあわせや。

かたげる…傾げる。かたむくこと。

語りのヒント

膠は、この村の地場産業でした。街道筋に膠工場をいとなむ大きな家があり、村全体が膠のにおいに包まれていました。和膠《わこう》を作る方法は、一〇月から三月までの冬期、大きな釜の底に、稲の藁《わら》を分厚くしきつめ、その上に、くず皮を入れて火を炊き、ぐつぐつ半日ぐらい煮ていきます。すると、皮がとけて、コラーゲンを主とした上澄みの一番膠がとれるのです。それからまた炊くと、二番膠がとれ、また炊くと三番膠と、だんだん色が濃くなります。その上澄みを凍らせ、包丁で切り取り、雨に当てないよう太陽の下で干します。今は工場で一年中製造する洋膠になっています。

日本画の顔料は膠で溶かします。また、膠は奈良の正倉院などに収められている国宝の仏像や絵や工芸品などの修復にも使われています。

戦火《せんか》をくぐったお地蔵《じぞう》さん

大阪の南の長尾街道《ながおかいどう》*から少し入ったところに、お寺*があり、たくさんの石仏《せきぶつ》が祀《まつ》られています。端《はし》っこの手作りの小さな祠《ほこら》に、お顔が欠《か》けた頭だけのお地蔵さんがありました。

こんなけったいなお地蔵さんが、どうしてここにあるのか、毎日お参《まい》りにくる近くの村のおばあさんに、聞いてみました。

おばあさんのお舅《しゅうと》さんが、お地蔵さんをこの村へ連《つ》れてきたそうです。

これから話すことは、おばあさんがお舅さんから聞いた話です。

ここに来る前はな、わしらは西成《にしなり》に住んでおった。

忘《わす》れもせん、昭和《しょうわ》二〇（一九四五）年三月一三日のことや。

わしゃ、警防団《けいぼうだん》の訓練《くんれん》のため出かけた先で、空襲《くうしゅう》におうた。真夜中《まよなか》、米軍《べいぐん》のＢ29が、

長尾街道…松原市の中央を東西に走り、葛城市の長尾神社に至る街道。飛鳥時代には、側溝を備えた道路が存在していたことが発掘調査で判明している。

お寺…境内に四国八十八カ所や西国三十三カ所の本尊石仏が並んでいて、霊場をお参りしたのと同じご利益があると伝えられる。

焼夷弾《しょういだん》を雨あられと落としよった。通天閣《つうてんかく》も、四《し》天王寺《てんのうじ》の五重塔《ごじゅうのとう》も、大阪市内北から南、ぜぇーんぶ焼《や》き払《はら》われてしもた。

火が迫《せま》ってきたから、わしゃ逃《に》げた。灰《はい》になった死体《したい》がゴロゴロと転《ころ》がっていて、この世の地獄《じごく》や。命からがら家にたどり着いたが、なんもかんも焼けて、ぼーっとしておった。

そしたら「正太郎《しょうたろう》、正太郎……」と、だれかが呼《よ》ぶんや。だれぞわしをじぃっと見上げてる気がしたんで、足元《あしもと》を見たらお地蔵さんがおられた。急いで瓦礫《がれき》をかき分け、焼けた土ン中から、そうっと持ち上げた。お地蔵さんは、顔が少し欠《か》けて頭だけやったが、おだやかなお顔や。その顔を見てたら、「正太郎、しっかりせぇ！」と、励《はげ》ましてくれてるようやった。

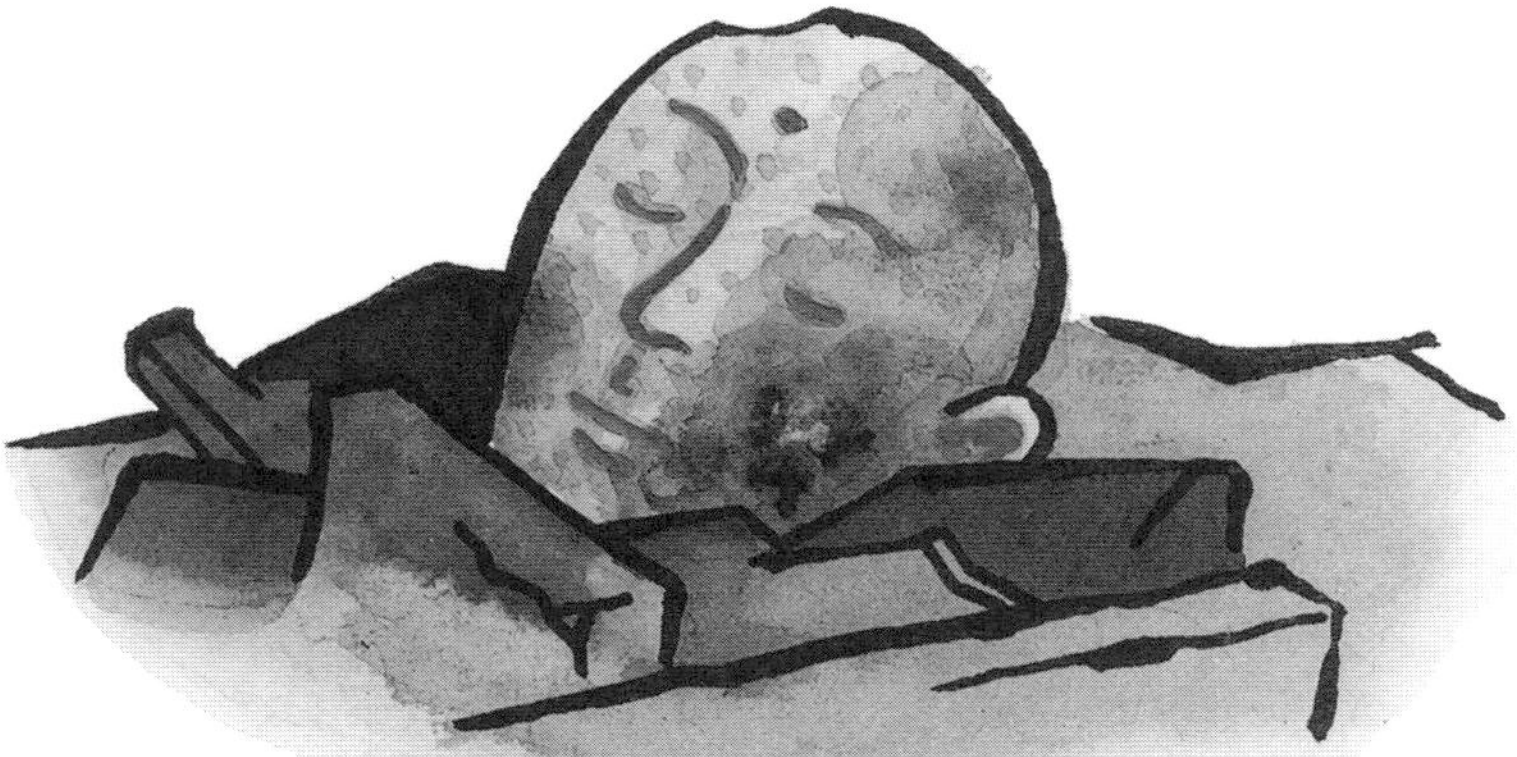

わしゃ我《われ》に返り、お地蔵《じぞう》さんを懐《ふところ》に入れて、防空壕《ぼうくうごう》*のあたりで、ばあさんを探した。ちゃちな防空壕や。あないな爆弾《ばくだん》が落ちたら、ひとたまりもない。

「無事《ぶじ》でいてくれよ」と、祈《いの》っていると、ガシャガシャ瓦礫《がれき》をふむ音がした。振《ふ》り向くと、ばあさんが顔じゅう煤《すす》だらけにして、わしを見るなり、ぺたぁ～っとへたり込《こ》んでしまいよった。

「しっかりせぇ」と起こしたが、気ぃぬけて、今でもぽか～んとなったままや。コワイ目におうたんや、無理もない。

息子《むすこ》は、学徒動員《がくとどういん》*に駆《か》り出されておったから、命拾《いのちびろ》いした。

家族三人が無事やったんは、お地蔵さんのおかげやな。

そっからや。ばあさんもお地蔵さんも大八車《だいはちぐるま》にのせて、家族と親せき連《つ》れて、三日間野宿《のじゅく》しながら、生まれ故郷《こきょう》へ帰った。

まあ、親せきも合わせて十七人の大家族では、食べるのも気ぃつこたで。一年ほど居《い》候《そうろう》したけど、いつまでも世話《せわ》になっておれん。岡山《おかやま》へ移《うつ》って八年間、息子もいっしょに、毛皮《けがわ》の仕事*を、がむしゃらに働《はたら》いた。人づてに、こっちにも毛皮の仕事があるというんで、ここへ引っ越《こ》してきて、ようよう落ち着いたんや。

防空壕…家の中や庭に、スコップで掘っただけの造りの壕が多く、命を守るというより、焼夷弾が一発落ちただけで、蒸し焼きにされ、皆殺しになった。防空壕から逃げたから助かったという体験者の証言が大かたである。

学徒動員…第二次世界大戦末期、深刻な労働力不足を補うために、中等学校以上の生徒や学生が軍需産業や食料生産に動員された。

息子にも、あんたのようなええ人が来てくれて、孫《まご》も授《さず》かるし、このお地蔵さんはな、わしら家族の守り神様《がみさま》や。

お舅《しゅうと》さんから話を聞いたおばあさんは、「ここに置《お》いとくより、ちゃんとしたお寺に、お祀《まつ》りせんと」と思い、電車で方々《ほうぼう》のお寺に頼《たの》みにいきました。

けど、頭だけのお地蔵さんを引き受けてくれるお寺はなく、そのうち、やあ子*が生まれました。

二つになったこの子を連れ、風呂屋《ふろや》へいったとき、「あそこの寺やったら、お地蔵さんがようけあるで」と教えてもらい、やっとこの寺へお地蔵さんを祀ってもらえたそうです。昭和三六（一九六二）年のことでした。

それから五十年。おばあさんは毎朝、このお寺のお地蔵さんのお参《まい》りを欠かしたことがないそうです。

「灯台下暗《とうだいもとくら》し、他所《よそ》より、ここが一番。お地蔵さん、わかってはったんやろな」

毛皮の仕事…ウサギなどの小動物の生皮を乾燥させたものを洗い、乾燥→湿り→伸ばす一連の作業を「皮をなめす」という。丁寧に、虫のつかない、かびない、柔らかい毛皮に仕上げる。

やあ子…ややこ、赤ちゃん。

炎《ほのお》のごとく　糸若柳子《いとわかりゅうこ》

遠く二上《にじょう》・葛城《かつらぎ》・金剛《こんごう》の山脈《やまなみ》の見えるところに、村がありました。

この村の片隅《かたすみ》に、屋根《やね》にぺんぺん草の生えた古い家があって、そこには、おばあさんがひとりっきりで暮《く》らしていました。

ある時、まだ若《わか》い女性が、おばあさんのことが気になって、お年寄《よ》りに、尋《たず》ねてみました。

「むかしはなあ、村一番の金持ちのお嬢《じょう》さんやったんや」

「水平社《すいへいしゃ》*でばりばり活動してたけど、恋愛《れんあい》して別《わか》れはったんや」

「そのあと産《う》んだ男の子、かわいそうに、四歳《さい》で亡《な》くさはったって」

「私みたいな世間知《せけんし》らずが、話聞きにいっても、ええやろか？」

「やめとき、やめとき！　追《お》っ払《ぱら》われるだけや」

水平社…八〇頁注参照。

そう言われても、この女性は、おばあさんの家の戸をたたきました。思いがけなく、おばあさんは話してくれました。

そうやな、小さいころは、親が土地を持ってたんで、「こいとはん」*と呼《よ》ばれて、なに不自由《ふじゆう》なく、大きしてもらいました。

高等女学校《こうとうじょがっこう》に通うようになって、二年生になったある日、親睦会《しんぼくかい》のお菓子《かし》を買いにいくと、友だちがよそよそしいので、あれっと思いました。あとになってから、一年生に入ってきた、うちの近所の神社《じんじゃ》の娘《むすめ》が、「糸若《いとわか》はんなぁ、うちらと生まれがちがうさかい、あの人のハンカチでは、お菓子包《つつ》まんとこな」と、陰口《かげぐち》を言いふらしていたことを知りました。

えらいショックで、父親に相談すると、「わしも東京の学校で、おまえと同じような目におうた。けど、これは理屈《りくつ》では、どうにもならん」て、言いました。父親は、「何をするにも、仲間《なかま》が要《い》る。仲間を集めるには金が要る」という考えで、いろんな事業に手を出しては、失敗《しっぱい》して、先祖代々《せんぞだいだい》の土地を手放《てばな》してしまいました。

そして、私が十六のとき、失意《しつい》のうちに亡《の》うなりました。

*こいとはん…下のおじょうさん。

水平社《すいへいしゃ》に参加《さんか》したのは、村の人に誘《さそ》われたのがきっかけです。

第二回の大会のとき、奈良《なら》の阪本数枝《さかもとかずえ》*さんが、「女性《じょせい》も参加せなあかん。婦人《ふじん》水平社を作ろう」と、呼《よ》びかけはったんで、私は応援演説《おうえんえんぜつ》をしました。それからは、大忙《おおいそが》し。

方々《ほうぼう》から「来てくれ」と声がかかって、演説に行きました。二時間や三時間しゃべりっぱなしで、そのあいだ、警官《けいかん》が五、六人来ては、見張《みは》っていました。親《しん》せきは、

「水平社みたいな、世間《せけん》に顔さすようなこと、するな」

と、反対して、寄《よ》ってたかって、やめさそうとしました。

阪本数枝…大阪市東淀川区出身。奈良県御所市の水平社創立者のひとり阪本清一郎と結婚。水平社第二回大会（一九二三年）で「婦人水平社の設立」を訴えた。活動したのは約一年間で、家業の膠《にかわ》業と水平社同人の世話をした。

しばらくして、農民《のうみん》運動の指導《しどう》をしていた下阪正英《しもさかまさひで》*と知り合《あ》い、いっしょになったんです。ところが、ふたりとも収入《しゅうにゅう》がない。家の財産《ざいさん》を食いつぶされんよう母親は仕方《しかた》なしに、私らを追い出したんです。この時、お腹《なか》の中に赤ちゃんがいたので、下阪と話し合って、生まれた子は下阪家に渡《わた》すことにし、きっぱり別《わか》れました。

けど、病院で生まれた男の子の顔を見たら、もうあきません。「子どもぐるみ、引き

下阪正英…一九〇一（明治三四）年、兵庫県山崎町の有数の資産家に生まれた。京大在学中に農民運動に参加し、全国水平社だけでなく、日本農民組合や労働農民党中央委員も兼ねていた。一九二八（昭和三）年、水平社からは追放されたが、一生農民運動に身を捧げた。一九七一（昭和四六）年死去。

取ったる」て、母親は言うてくれたんですが、親せき連中《れんちゅう》が「水平社《すいへいしゃ》やめるか、子どもを取るか」と詰《つ》め寄《よ》ってきました。

抱《だ》いた子の顔に、ぽとぽと涙《なみだ》がこぼれて、私はひとことも言えませんでした。

いっしょに実家《じっか》にもどった子どもは、四歳《さい》になったときにジフテリアにかかり、あっけなく亡《の》うなってしまいました。しばらくは、何にも手につきませんでした。

思いなおして、浄土真宗《じょうどしんしゅう》の布教師《ふきょうし》になる決心をし、老《お》いた母親の看病《かんびょう》をしながら、四十近くになってやっと、布教師の免許《めんきょ》をとりました。布教にいった先《さき》ざきで、みなさんに慕《した》ってもらったんが、ほんまに、ありがたいことでした。

おばあさんは九十三歳で眠《ねむ》るように、波乱万丈《はらんばんじょう》の人生を閉《と》じたのです。

こんにゃく橋

むかーしのこっちゃ。富田林《とんだばやし》のまん中を流れとぉる石川にな、板だけでつくった橋がかかっとったんや。ほんでこの橋はな、渡《わた》るとグラングランゆれるよってにな、村のもんは「こんにゃく橋」いうてたんや。

ほんでや、その橋のねき*にな、そらまあ働《はたら》きもんで、正直《しょうじき》もんの兄弟《きょうだい》がおったんや。ほんでや、この兄弟はな、昼も夜も川の番をしたり、大水で流された橋をつけかえたり、近くの田んぼや畑に石川の水をひいたりしいもって、暮《く》らしとったんやけどな、なんぼ働いても、いっつも貧乏暮《びんぼうぐ》らしやったんやて。

しゃあけんどな、正直もんの兄弟はな、石川にぎょうさん魚がおってもや、自分らが食《く》う分しかとれへんかった。

それにやで、いっつも川上から流れてきよるゴミやらガラクタなんかを、掃除《そうじ》しいもっ

＊ねき…根際。きわ、そば。

てな、石川をきれいに、きれいにしてたんや。

ある日のこっちゃ。西山の奥《おく》に住んでるたらいう悪い鬼《おに》が、やってきよった。ほんで鬼はな、村の田んぼや畑は荒《あ》らし回るし、石川の魚はかたっぱしからとって食うてまうし、大あばれしよった。

さあ、えらいこっちゃがな。

ほんでな、村のもんが集まってな、どない

かざ…香。におい。香り。

どしてこの悪い鬼をやっつけようと、いろいろと相談したんやけどな、あんまり鬼が強いもんやさかいに、どうにもこうも手ぇつけられへんかった。ほんでに村のもんはな、「こまったな、弱ったな」たらなんたら言いもって、ため息ばっかしついとった。へてからや、そんな姿《すがた》を見て、こんにゃく橋の兄弟《きょうだい》もな、あれやこれやと考えたがな。ほんでに、富田林《とんだばやし》や新堂《しんどう》の酒屋さんにたのんでな、「万里春《ばんりのはる》」やら、「天下一《てんかいち》」やら、河内《かわち》一番のうまい酒を、ぎょうさん分けてもうたんや。ほんでな、そのうまい酒、こんにゃく橋の上にな、デーン、デーンとならべよった。


するとな、そこへ悪い鬼がやって来よった。

ぷーん、ぷーん、酒のええかざ*すんがな。

鬼、酒だいすきや。

ガブガブ、ガブガブ、ガブガブ、ガブガブ、ガブガブ、鬼め、そらまあ、なんともかともうまそうに、酒みんな飲んでまいよった。ほんでな、そのうちに、橋の上でな、どたんとねてまいよっ

た。

グー、グー、グー、そのまあ、いびきのどえらい*こと、どえらいこと。ええ気持ちになって、大の字ぃになって、ねてまいよった。

するとその時や。兄《あん》にゃんは橋のあっちゃべら*から、弟《おとうと》は橋のこっちゃべら*から、そろうっと鬼に近づいて行きよったがな。ほんでからに、どっすーん、どっすーんと、しこ*ふんだがな。こんにゃく橋のこっちゃ。ぐらん、ぐらん、ゆれまんがな。

鬼、びっくらぎょうてんや。ドッボーン！ 大《お》っきい音してな、川へ落ちてまいよった。

ほんでからに、喜志《きし》の川面《かわづら》*の船着《ふなつ》き場《ば》やら、駒ヶ谷《こまがたに》の大黒《おぐろ》やら、柏原《かしわら》の国分《こくぶ》やら、藤井《ふじい》寺《でら》、松原《まつばら》やらを通ってな、とうとう堺《さかい》の海まで流れていきよったんや。

せやよってにな、鬼はもう二度と村へは出らんようになってな、みーんな、まくら高《たこ》うしいもって暮《く》らしたというこっちゃ。

ほな、まあ、このへんで。


（「若一の民話」編集委員会提供）

どえらい…ど偉い。非常に大きい。

あっちゃべら、こっちゃべら…あっち、こっち。

しこ…四股。足を開き、ひざに手をあて、左右かわるがわる足を高くあげ、力をこめてふむこと。

川面…川のほとり。

ひよひよと鳴くはひよどり

泉州《せんしゅう》に伝わる話

おかん

夏《なつ》ちゃんは、春から小学生になる。

夏ちゃんの家は大家族。おかん*におじい、おばあ、それに、おかんの妹三人に弟二人と、全部で九人や。おとん*はおらんけど、さびしいと思ったことなんかなかった。

おかんは一家《いっか》の大黒柱《だいこくばしら》や。おかんの廃品回収《はいひんかいしゅう》のかせぎに、生活がかかっていた。この仕事は、元手《もとで》がいらんかわりに、「いらんもん、ありまへんかー」と、お得意《とくい》さんを回ってボロ*を買い、自転車に積《つ》んでは、一日じゅう行ったり来たりせなあかん。

「おかん、男みたいやなぁ」

働《はたら》いているおかんの小さな背中《せなか》が、大きく見えた。

夏ちゃんが小学校に上がる、ふた月前のこと。

おかん、おとん…母親、父親のこと。

ボロ…使いふるした着物や服などの布。

村の入り口に、上等《じょうとう》な絣《かすり》の着物で、髪《かみ》をきちっと結《ゆ》ったおばあさんが、大きな風呂敷包《ふろしきづつ》みを持って、やってきた。

「サカモトさんのおうちは？」と聞かれたので、目の前の自分の家を、ふん！と指《ゆび》さした。おばあさんは中へ入っていったけれど、じきに出てきて、足早《あしばや》に帰っていった。

突然《とつぜん》、びしゃん！　と大きな音がして、おかんが、お金の入ったふくろを土《ど》間《ま》に投げつけた。夏ちゃんと目が合うと、

「これは、おまえがもろたやつや、おまえが使い！」

と、風呂敷包みをおいて、家からぷいっと出ていった。

開けてみると、えんぴつとノートに、赤いふでばこ、それに赤い長ぐつがあった。

「ああ、ああ、もったいない、もったいない！」

おばんは、散《ち》らばったお金を拾《ひろ》い集めて、前かけのポケットに入れた。

おばんもおかんも何にも言わんかった。

「なんで、おかん、おこったんやろ？」

聞いたらあかん気がしたけど、不思議《ふしぎ》でしょうがなかった。

小学校へ行く前の日、夏《なっ》ちゃんが赤いふでばこからえんぴつを取り出すと、中敷《なかじ》きの下から、ちらっと、白いものが見えた。

そうっと引っ張《ぱ》り出してみると、お守《まも》りが出てきて、そろっとあけてみると、お守りの袋《ふくろ》の中には、「父《ちち》より」と書いた紙があった。

「えらいもん、見つけてしもた！」

あわてて元にもどして、だれにも言わんかった。

「あの人、うちのおばあさんやったんかなぁ」

いっぺんも会《お》うたことがないけど、父親のことが気になりだした。

あれから九年、夏ちゃんが中学三年になったお盆《ぼん》のことや。

親せきのおばたちが、父親のことをこそこそ話しているのを、小耳《こみみ》にはさんだ。それで、父親の名前と住んでるところがわかった。

そのうち、おばたちは、盆踊《おど》りに出かけていった。

「今や！」

こっそり電話帳をめくって探《さが》していると、二階からおりてきたおじに、見つかってしもた。

「放《ほ》られたのに、探《さが》すんか！　育てる親の身になってみぃ！」

このひと言で、もやもやしてた気持ちが、ふっきれた。その時、通りのほうから、祭《まつ》りのお囃子《はやし》が近づいてくるのが、聞こえた。

急いで顔に真《ま》っ白なおしろいをぬり、太くまゆげをかいて、真っ赤《か》にほおべにをつけた。

そして、姉《あね》さんかぶり*をして、表の踊りの列に、飛《と》び込《こ》んでいった。

「踊り見に来て踊らぬ人は、帰《い》んで茶がゆ食《く》うて寝《ね》るがよい」

ドーンデーン、ドンデンカッカ、ドンデンカッカ、ドン！


姉さんかぶり…女性の手ぬぐいのかぶり方のひとつ。手ぬぐいの中央を額に当て、左右の端を後頭部へ回し、その一端を上に折り返すか、角を額のところへ挟むかする。

語りのヒント

明治の中ごろ、この村では、将棋《しょうぎ》と歌舞音曲《かぶおんぎょく》の二つの大きな娯楽がありました。雨の日は仕事ができないので、尺八や三味線に歌などで遊ぶ家が何軒もあったのです。年に一度の「辻踊り」は、雪駄《せった》の「表《おもて》づくり」をする家に集まり、辻々で自然に踊りはじめたのが発祥。太鼓の音から「ドンデンカッカ」と呼ばれました。やぐらは組まず、太鼓や三味線、鉦《かね》などを鳴らし、踊りました。一九七七年に復活しましたが、現在はおこなわれていません。

六部《りくぶ》の千年機《せんねんばた》

むかし、大阪から熊野《くまの》に詣《もう》でる小栗街道《おぐりかいどう》*ぞいに、大きな村があった。街道筋《すじ》には大きな屋敷《やしき》が立ち並《なら》んでいたけれど、街道から一歩、村の中へ入ると、細い細い路地《ろじ》が、網《あみ》の目のように通って、土地の人びとは「アワエコソ」と呼《よ》んでいた。

ある年、「アワエコソ」に、ひとりの男の子が生まれた。

おばあさんが育てていたけれど、二歳《さい》になると、目が見えにくいことがわかった。

男の子は、十歳になると、門付《かどづ》け芸人《げいにん》「阿呆陀羅経《あほだらきょう》*」の一座《いちざ》に弟子入《でしい》りをし、ポクポクポクと木魚《もくぎょ》をたたきながら、面白《おもしろ》おかしゅう世間《せけん》のできごとを語る芸を身につけていった。

それから、「浪花節《なにわぶし》*」一座の巡業《じゅんぎょう》へもついていき、浪花節語《がた》りとなったが、いつしか信仰《しんこう》の道に、心がひかれていった。

小栗街道…京から大坂を経て熊野三山への参詣に利用された街道。江戸時代には伊勢詣とならび、庶民が数多く詣でた。熊野街道ともいう。

阿呆陀羅経…江戸や上方で、大道芸をおこなう坊主が世間の話題や時事風刺をまじえ、俗謡《ぞくよう》の節にのせて門付けして歩いた話芸。

浪花節…明治初期からはじまった三味線を弾いて語る、通俗的な語りもの。

やがて、法然《ほうねん》・親鸞《しんらん》・蓮如上人《れんにょしょうにん》の生涯《しょうがい》も、浪花節《なにわぶし》で語《かた》れるようになり、一人前《いちにんまえ》の説《せっ》教師《きょうし》になった。けれど、学校を出てないので、旅から旅へ回《まわ》る六部《りくぶ》*になって、行く先《さき》ざきの寺でお勤《つと》め*をしていった。

文字《もじ》を読めん人にも、苦労話《くろうばなし》をまじえて、わかりやすう話をしたので、「もっぺん*来てもらお」となり、お布施《ふせ》も貧《まず》しい家《うち》からはとらんし、貧しく信仰の篤《あつ》い人びとに、信頼《しんらい》されていった。

ある年の暮《く》れ、六部は、故郷《ふるさと》に近い小栗街道《おぐりかいどう》を急いでいた。ちらちら雪もまい、夕方には吹雪《ふぶき》になった。六部が道に迷《まよ》って途方《とほう》にくれていると、遠くにぼんやり、家の明かりが見えた。

「やれやれ、今夜《こんや》は、あそこで泊《と》めてもらおう」

その家では、今しがた病人が亡《な》くなり、坊《ぼう》さまを呼《よ》ぶお金がなく、家のものだけで、夜《よ》伽《とぎ》*をしているところやった。

「これはこれは、ええ時に来てくだされた」

六部は枕元《まくらもと》で、蓮如上人の教えをお勤めしはじめた。

六部…ろくぶともいう。巡礼僧のこと。

お勤め…勤行《ごんぎょう》。僧侶が、その勤めとして、仏前で読経《どきょう》すること。

もっぺん…もう一度。

夜伽…死者のそばに夜通し付き添うこと。通夜。

「これ、人間の命のはかなさは、この世と同じ、幻《まぼろし》のごとし。朝目覚《めざ》めても、はや夕方には白骨《はっこつ》*となる身。だれが先に往《い》くという定《さだ》めなし。ただ、阿弥陀仏《あみだぶつ》を信じ、ひたすらに念仏《ねんぶつ》せよ……」

あくる朝早く、六部は故郷の村へと、もどっていった。

それから何年もたち、六部はまた、あの家に立ち寄《よ》った。

「ああ、あの時の……。その節《せつ》はお世話になりました」

家の衆《しゅう》は六部をよく覚《おぼ》えていて、心づくしのもてなしをした。娘《むすめ》はへやのすみで歌いながら、機織《はたお》りをしていた。

「ボッサラ、ボッサラ、大機織る子はお稲荷《いなり》じゃ、糸は切れるし、織屋は来るし、ボッサラ、ボッサラ……」

六部は、織りあがった布のできばえに驚《おどろ》いた。

「このような見事《みごと》な布、少しだけ、分けてもらえまいか」

「喜んで」と、娘は織りあげた布をさしだした。六部はあつく礼をのべて、立ち去っていった。

白骨…浄土真宗本願寺第八世蓮如が、真宗の教えを一般の信者に教えるために、平易に述べたもの。その中の白骨の御文章《ごぶんしょう》は、とくに有名なものである。

それからというもの、娘《むすめ》が機《はた》を織《お》ると、いくら織ってもへ糸はなくならず、織りあがった布はどれもみな、よい値《ね》で売れた。

それで、だれいうとなく「六部《りくぶ》の千年機《せんねんばた》」と評判《ひょうばん》を呼《よ》んだ。

娘は機を織り続けていたが、年をとり、やめることにした。

「いったい、中に何が入ってるんやろ?」

たて糸を張《は》るおまき*をほどくと、数珠《じゅず》が出てきた。珠《たま》は、六部の故郷《ふるさと》の人造真珠《じんぞうしんじゅ》やった。

ところが、ほどいたとたん、数珠の糸が切れ、珠は飛《と》びちっていった。それっきり、機の糸もつきてしまった。

しばらくして、風のたよりに、「六部が亡《な》くなった」といううわさが運ばれてきた。ボッサラ、ボッサラ、もうおしまい。

おまき…織機で縦糸を巻くのに用いる、木製で中央のくびれた棒状の部品。

真夜中《まよなか》の盆踊《ぼんおど》り

貝塚《かいづか》には、有名な盆踊りが、ふたつある。
南海《なんかい》線の線路を境《さかい》にして、東《ひがし》には「貝塚東盆踊り」が、西には「貝塚さんや踊り」がある。どちらも目と鼻の先しかはなれてないのに、たった一本の線路がおたがいの心をへだてていた。

ある年の、お盆の夜のことや。
東の村のおさんは、りりしい侍《さむらい》に化けて、寺の境内《けいだい》で

真夜中になってからはじまる「ヨホホイ」の踊りの輪《わ》に入っていった。

そのむかし、岸和田《きしわだ》の殿《との》さんが「太鼓《たいこ》を使《つこ》うてはならん」と差《さ》し止めたとかで、この村では太鼓を使わん。

三味線《しゃみせん》と尺八《しゃくはち》の音色《ねいろ》に合わせて、おさんがゆったり踊っていると、急に男が前にわりこんできた。あっ！ と思った瞬間《しゅんかん》、藤娘《ふじむすめ》に化けた男の背中《せなか》に、どんっとぶつかってしもた。

「すまんすまん、悪いのはおれや！」

（おやっ？ だれの声やろ……）

「ここの踊り、えろうむずかしいなぁ」

（よそから踊りにくるなんて、ないのに……）

「なぁ、踊り方教えてくれ

や。たのむわ、なぁ」

いかつい男が、藤《ふじ》の枝をふりふり、ふり向いた姿《すがた》に、

「ふふっ！　それやったら、うちの後ろについておいで！」

と、つい気をゆるしたのが、おさんといさおの出会いやった。

いさおは、次の日もまたその次の日も、やってきた。

「この次はきっと、おれの在所《ざいしょ》*の盆踊《ぼんおど》りに来てくれよ、な！」

おさんはこくん！　と、うなずいていた。けれど、その時、

「ええか、他所《よそ》もんと、つきあうでないぞ」

というお父《とう》の声が、おさんの頭をよぎった。


いさおの在所は線路の西で、一度も行ったことがなかった。約束の夜、おさんは、勇気《ゆうき》をだして出かけていった。

大きくてりっぱな太鼓《たいこ》が、やぐらに置《お》かれていた。

「ここやここや！　おさん、よう来てくれたなぁ」

いさおは両手に、かまぼこ板のような太いブチ*を持っていた。ブチをふりあげ、体をく

在所…生まれて住んでいるところ。

ブチ…太鼓打ちが両手に一枚ずつ握ってたたく、はがきより大きい目の板状のもの。曲打ちといって、アクロバットのように体を回転させながら打つ。

るっと回転させると、太鼓をたたいた。ドウーンとにぶい音が鳴《な》り、それを合図《あいず》に、

「岸和田《きしわだ》には、お城《しろ》があるけど、貝塚《かいづか》ないわいな。それでも貝塚、貝塚にゃ、三夜音頭《さんやおんど》があるわいな」

と、音頭取りが歌いだした。いつのまにか、おさんは踊りの輪《わ》に入っていった。

夢《ゆめ》のような三日三晩《みっかみばん》が過ぎ、ふたりは結婚《けっこん》の約束《やくそく》をかわした。

けれど、話を聞いたいさおの両親は、結婚に反対やった。

「あの娘《こ》はええ子や……けど、住んでるとこがあかん」

それ以来《いらい》、いさおからは、ふっつり連絡《れんらく》がとだえた。


秋が過《す》ぎ冬も過ぎ、春が訪《おとず》れた。

おさんが結婚をあきらめかけたとき、ひょっこりいさおが、家《うち》にやって来た。

いさおは、おさんの両親の前に手をつき、頼《たの》みこんだ。

「家《いえ》を捨《す》ててきました。おさんと所帯《しょたい》を持たせてください」

こうして、晴れてふたりは夫婦《めおと》になった。その年の盆踊りになると、いさおは、太鼓うちから尺八《しゃくはち》ふきになった。

あれから長い年月《としつき》が流れ、おさんといさおの村どうしは、行き来するようになった。今はほれ、ばあさんとじいさんになったふたりが、仲《なか》よう踊《おど》ってるわいな。めでたしめでたし。

語りのヒント

貝塚東盆踊りは、毎年八月一四～一六日の三日間、寺の境内でおこなわれます。「念仏おどり」の一種で、ゆったりした三拍子の節まわしにくわえ、「ヨホホイ」と呼ばれる独特のものが残っています。太鼓や鉦を使わず、三味線、尺八、横笛のほか、胡弓や大正琴も用いられています。

貝塚三夜音頭は、泉南に河内音頭や江州《ごうしゅう》音頭が伝わる前の盆踊りの形を残し、一五八三（天正一一）年、顕如《けんにょ》上人が、石山本願寺から貝塚御坊に入寺した祝いに、三日三晩踊り明かしたことが起源とされています。音頭取りはおもに女性、太鼓の打ち手は男性で、太鼓のまわりを踊りながら打つ独特の打ち方が特長です。

弘法《こうぼう》さまの杓井戸《しゃくいど》

昔むかし、泉州《せんしゅう》を通る紀州街道《きしゅうかいどう》から少しはずれたところに、小さな村があった。

ある年の暮《く》れ、みすぼらしい身なりのお坊《ぼう》さんが杖《つえ》にすがり、とぼとぼとやってきた。長屋《ながや》の戸口《とぐち》まで来ると、バタンとたおれてしまった。その物音を聞きつけて、長屋の人が集まってきた。

「だれぞ、家の中で寝《ね》かせてやれ！」

と言うたものの、どの家も、

「わしとこはせまいし、家族が多いよってな」

「うちとこもいっしょ、むりやなぁ」

と、どうすることもできなんだ。すると、ガラッと戸があき、

「わしとこやったら、いけるぞ」

と、ひとりもんのじいさんが顔を出した。じいさんがくみおいた水を、お坊《ぼう》さんの口に運んでやると、うまそうにこくりと飲んだ。すると、お坊さんの腹がぐうっと鳴《な》った。

それを聞いて、となりのばあさんが、

「わしの分のおかいさん、まだあったはずや」

と、急いで、茶わん一ぱいの茶がゆ*を持ってきた。

「うちにも、おかずが少しあったはずや」

そのとなりの姉《あね》さんも、きざみ*を持ってきた。

「では、遠慮《えんりょ》のういただきます」

お坊さんは手をあわせ、ひと口ひと口、かみしめた。

茶がゆ…茶ぶくろを入れて炊いたおかゆ。

きざみ…大根やかぶらなどの実の部分だけでなく、はっぱも刻んだ即席のおつけもの。

「ポリポリ、ズズズーッ、はぁー」

お坊さんの顔に、ほんのりと赤みがもどってきた。

「ごちそうさまでした。おかげで、命びろいしました」

「なぁんも、困《こま》ったときはおたがいさん。今夜《こんや》は、ここでゆっくり寝《ね》たらええ」

長屋《ながや》の人らは、ぞろぞろと引きあげていった。


あくる朝、お坊さんは、何やら早くから歩き回っていた。

持っていた杖《つえ》で、あちこち地面をたたきながら、長屋のはしっこの空《あ》き地までくると、
ぴたっと止まった。長屋の人が、

「はて、お坊さん、いったい何をなさるんかいな」

と見ていると、トントントンと地面を打ちはじめた。すると、

「ありゃりゃー、水や水や！」

地面から、澄《す》んだ水が、こんこんとわき出てきた。

ひとりが手ですくって飲《の》んでみると、

「うまい、うまい！　こんな水、生まれてはじめてや」

みんな、かわるがわる水を飲んでいたが、しばらくして、ふとあたりを見回すと、お坊《ぼう》さんの姿《すがた》は、もうどこにもなかった。

それから、水のわきだしたところを深く掘《ほ》り、木のワクをこしらえて、井戸《いど》を作った。いつでもだれでも、水をくめるように、井戸のはたに、桶《おけ》や柄杓《ひしゃく》をそろえた。

だれ言うとなく、

「あのお方は、きっと、弘法《こうぼう》さま*にちがいない」

と、いつしか「弘法さまの杓《しゃく》井戸」と呼《よ》ばれるようになった。

それからというもの、毎年、となり村もいっしょになって、井戸さらえ*をし、今になるまで、大切に使ってきたんや。

語りのヒント

八二〇（弘仁一一）年ごろ、水不足のため、飢饉《ききん》が続き、民衆は苦しんでいました。弘法大師が布教の旅の途中、この地に立ち寄り、この場所を杖でひと突きすると、なんと清水がこんこんと湧き出したといわれています。手杓でくめるほど豊富な水を年じゅうたたえ、村の人たちをうるおしました。以来、尽きることなく今日にいたっています。杓井戸の名は、手杓でくめるほど豊かな水量をたたえるところから、名が付いたといわれています。ありがたいむかしの人たちの伝説です。

弘法さま…平安時代初期の僧で、真言宗の開祖、空海のこと。歩いた足跡に、これほど伝説・伝承の多い人物は珍しい。全国津々浦々に弘法伝説があり、その数約三百編を超えるといわれている。

井戸さらえ…底に泥が溜まったり、水位が浅くなったりしないように、井戸の掃除をすること。

杓井戸《しゃくいど》に落《お》ちたかみなり

昔むかしの、むし暑い夏の夕方のことや。

ぴかっ！　といなずまが光り、ゴロゴロゴロゴロ……かみなりの音が、地面をゆらした。

「母《かあ》ちゃーん、こわいよー」

子どもらが、長屋《ながや》へ逃《に》げこんだとたん、バリバリバリバリ、ドッカ――ン！　と、かみなりが落ちた。

「おい、杓井戸は、だいじょうぶか！」

兄《あに》やんがかけつけると、かみなりが井戸の中に落ちとった。

じいさんが、太鼓《たいこ》に張《は》る大きな皮を持ってきて、杓井戸のわくにすっぽりとかぶせた。

そして、皮のまわりを縄《なわ》でぐるぐる巻《ま》いて、かみなりを井戸の中に閉《と》じ込《こ》めてしまいよった。

「出せー、早《は》よ出せー、出さんとこわい目にあわすぞぉ」

かみなりは、杓井戸《しゃくいど》の中でわめいていたが、

「なあに、かみなりなんぞに、負けてたまるか！」

じいさんは、太鼓《たいこ》のばちを取り出すと、ドオン！　ドオン！　と、井戸の太鼓を打ちはじめた。兄《あに》やんらもくわわって、

「おれらとかみなりとどっちが強いか、しょうぶや！」

杓井戸の内と外とで、きそい合《あ》いになった。

ドオン！　ドオン！　ドンドンドン！

「こりゃ、たまらん！　耳がガンガンする、やめてくれぇー」

杓井戸の中で、かみなりが泣《な》きわめいた。

「よぉし！　もっとやったれ！」

ドドドド、ドドドド、ドドンがドン！

「頭《あたま》がわれるぅ！　すぐ出してくれぃ」

「ほしたら、やくそくせぇ！　この村には二度と落《お》ちんてな」

「まいった、まいった、やくそくする」

「ほんまやな」

「わしは人間とちゃう。かみなりはウソつかん！」

そこで、じいさんは縄《なわ》をほどいてやり、ふらふらになったかみなりを、杓井戸の中からひっぱり上げた。

ドロドロドロドロドロ……かみなりは、雨あがりの空にかかった虹《にじ》をわたりながら、

「もう、ここへは、落ちんからなぁ」

と、遠ざかっていった。

それからというもの、杓井戸あたりには、二度とかみなりは落ちんかったそうや。ドドンがドン！

戦場《せんじょう》の盆踊《ぼんおど》り

昔むかし、旅人が行き交《か》う小栗街道《おぐりかいどう》*の道すじに、ひとつの村があった。そばを流れる樫《かし》井《い》川が大阪湾《おおさかわん》にそそぐ手前にあったので、台風《たいふう》の季節になると、きまって川が暴《あば》れた。

そのたびに、村の衆《しゅう》は、

「龍神《りゅうじん》さまがおそうのは、この村のほうばっかりやないか」

と、嘆《なげ》いたが、無理《むり》もない。もともと川底より低い村のあたりで大きく右へ曲がり、向こう岸の堤防《ていぼう》にぶつかった水は、堤防の低いこの村のほうへ流れこむようになっていたからや。

「わしらには、逃《に》げようにも、逃げ場がないからな」

けれど、洪水《こうずい》のあとには、上流から運ばれてきた土に、雑穀《ざっこく》が生《は》えた。

「龍神さまからの、おわびにちがいない」

小栗街道…一四七頁注参照。

村人は、この雑穀《ざっこく》をとって、粉《こな》にひいて丸めた「ひょろめし」*で、命をつないだ。

洪水《こうずい》だけやない。この村はいくたびも戦場《いくさば》になった。

大坂《おおさか》夏の陣《じん》*では、大激戦地《げきせんち》になって、田んぼや畑が荒らされ、男は人足《にんそく》*にかりだされ、女子《おんなこ》どもは乱暴《らんぼう》されたりした。

そのうえ、けが人を手当てするのも、死者を葬《ほうむ》るのも、みんな村人の肩《かた》にかかってきた。

月日は流れ、毎年の洪水と戦とで、あまりにもたくさんの命が失《うしな》われた。その供養《くよう》のために、村人は、川ぞいにりっぱな石碑《せきひ》を建《た》てた。そして、無残《むざん》な死に方をした死者の魂《たましい》をなぐさめるために、どこよりも激《はげ》しい戦場《せんじょう》の盆踊《ぼんおど》りをはじめた。

それが、「樫井《かしい》のさんや」や。


毎年お盆《ぼん》になると、むかしは三日三晩《みっかみばん》、夜どおし踊ったんや。

神社《じんじゃ》の境内《けいだい》は、若い男と女の出会いの場。やぐらの上にでーんとすえた大太鼓《おおだいこ》を、若い男が飛び上って、下駄《げた》で床板《ゆかいた》をガシガシ踏《ふ》みながら、打つんや。松の下駄が何足《なんぞく》も割《わ》れる。割れては取り換《か》え、そいつをやぐらの下へ放《ほう》り投げよる。


ひょろめし…低湿地に生える雑穀を粉に引いて、丸めて団子にしたもの。

大坂夏の陣…徳川家康が豊臣氏をほろぼすためにおこなった、一六一四（慶長一九）年の大坂冬の陣につづく翌年の戦い。

人足…力仕事に従事する労働者。

その太鼓《たいこ》と下駄《げた》の音に負けんように、女が音頭《おんど》を取った。

「音頭取る女は、太鼓に負けんさかい、しっかりもんやぞ」

太鼓打ちと音頭、それに踊《おど》り子が、おたがいその場その場で、気の利《き》いた言葉のやりとりを、パパッ！　とする。これが、こたえられん。

まあ、こんな具合《ぐあい》にな。

「太鼓破《やぶ》ろか、下駄をば割《わ》ろか、音頭に花やれ、水のませ」

「踊らな往《い》んで寝《ね》ろ、音頭は檜《ひのき》の節《ふし》なしや」

「太鼓打ちゃ上手《じょうず》で、下手《へた》な音頭をひきまわす」

ヨイソリャソーリャ、ヨーイソリャ！

語りのヒント
「樫井のさんや」は、毎年盆の三夜にわたり、夜を徹して踊る行事。やぐらの上の板を、下駄を踏み鳴らしながら、大きな鋲打ち太鼓に体ごとブチを打ちあてる、全国的にも類例のない貴重な盆踊りです。

三つの音頭《おんど》

むかし、泉州《せんしゅう》の山あいからわき出た水が、滝になって流れ落ちるあたりに、小さな村があった。

今から百三十年ほど前、この村に源三《げんぞう》という、十歳《とお》になる男の子がいた。

源三の家は貧《まず》しかったので、人ひとりがやっと通れる「たたや」という路地《ろじ》を、守り子《もこ》歌《うた》を歌いながら、よその家の子守りをして歩いた。

「たたやまわろら、在所《ざいしょ》の中を、この子かわいと言うてまわろ、守りを憎《にく》いとて、やぶれ傘《がさ》着せりゃ、かわいわが子に雨かかる」

子守りのほかにも、水汲《く》みやいろいろ用事を言いつけられ、源三は一日じゅう働《はたら》いた。

源三は十五になると、淀川《よどがわ》のそばの長柄《ながら》というところの百姓《ひゃくしょう》家《や》に、年季奉公《ねんきぼうこう》*に出され

年季奉公…一定期間、他人の家に雇われ、住み込みで働くこと。食糧や日用品は支給されたが、給与は、前借りすることも多く、ごくわずかだった。

た。

そこでは、天満《てんま》の市場《いちば》にだす野菜《やさい》を作っていたが、源三《げんぞう》にとっては、慣《な》れた百姓《ひゃくしょう》仕事やった。

「ほんま、よう働《はたら》いてくれるなぁ」

主人からは喜《よろこ》ばれ、源三は休みも取らずに働いた。


八月になると、長柄《ながら》では、盆踊《ぼんおど》りがはじまる。

「源三、お盆ぐらい休んで、盆踊りに行ってこい」

主人から勧《すす》められ、源三は喜びいさんで出かけた。故郷《ふるさと》では、声のよさで、音頭《おんど》を取らしてもらったこともあったからや。

「よおし、今夜は踊って、踊って、踊りまくったる！」

ところが、故郷とは、踊りが全然《ぜんぜん》ちがった。

故郷の「ソーレンサ」は、テンポの早い踊りやった。けれど、ここの「中島音頭《なかじまおんど》＊」というのは、節回《ふしまわ》しがゆっくりで、流れるような踊りやった。

「へえ〜っ、男と女では踊り方もちがうんや。わしも踊ってみたろ」


中島音頭…今の東淀川区、上新《かみしん》庄《じょう》、下新庄から淀川区、北区にかけて踊られていた音頭。

源三が踊りの輪《わ》の中に入ろうとしたときのこと。

「あんさん、ここは、よそのお人《ひと》は入れませんのや。この一年、亡《の》うなった人を悼《いた》む踊りで、見るだけならかまわんのやが……」

と、男衆《しゅう》に断《ことわ》られ、仕方《しかた》なしに、源三は三日三晩《みっかみばん》通いつめて、頭の中にしっかりと、中島音頭をたたきこんだ。


年季《ねんき》があけ、源三は故郷にもどった。

翌《よく》年の夏、長柄《ながら》で覚《おぼ》えた音頭と踊りをやってみせると、

「おー！　ええ踊りや、わしらにも教えてくれ！」

と、村の衆の心を、がっちりとらえた。

源三が伝えた音頭は、長柄で習《なら》ったので「ながら音頭」と呼《よ》ばれるようになったんや。

そして、もともとの中島音頭から、いっそう磨《みが》きをかけて、身ぶり手ぶりも見事《みごと》な音頭にしていった。

「ヤーヤートセのセー。音頭取りゃ、どこいった。早《は》よ来て音頭、取りなされ。もろたもろたよ、なにもろたイナ。ア、ヨーイサッサ、風呂敷包《ふろしきづつ》みで、かかもろた、ソリャヤヤーヤ

ートセ」

それ以来、この村では、「ソーレンサ」と「江州音頭《ごうしゅうおんど》」*、それに「ながら音頭」と、三つの音頭を歌いつぎ、踊《おど》りついできたんや。

江州音頭…滋賀県八日市を中心として、各地でおこなわれている口説き形式の盆踊り唄。

虹色《にじいろ》のセーター

歌《うた》ちゃんは、大阪の南、和歌山《わかやま》と目と鼻の先にある、小さな家同士が肩《かた》を寄《よ》せ合《あ》っている村で生まれた。家は、海の近くのがけの中腹《ちゅうふく》にあった。

浜には、魚が群《む》れでやってくるけれど、村には漁《りょう》をする権利《けんり》がないので、父さんは網元《あみもと》*に雇《やと》われて働《はたら》いていた。おかげで、歌ちゃんは、ときどき新しくておいしい魚が食べられた。

ところが、歌ちゃんが二年生になると、海の埋《う》め立て工事がはじまった。ブルドーザーが何台も来て、山の土を削《けず》り、その土で海を埋め立てて、そこに軍需《ぐんじゅ》工場*が建《た》てられた。そのせいで、魚がさっぱりこんようになって、漁もできなくなった。

それで、父さんは瓦《かわら》工場で働くようになった。

網元…船舶・漁網などを所有し、多数の漁夫を雇って漁業を営む者。

軍需工場…武器・弾薬をはじめとする軍需品を開発・製造・修理・貯蔵・支給するための施設。この場合、発電所という人もいるが、戦争中は全部軍需工場になった。

浜べのがけの上には、瓦《かわら》を焼《や》く窯《かま》がずらーっと並《なら》んでいた。父さんの仕事は、瓦にする粘土《ねんど》を山から掘《ほ》り出す「土運《はこ》び」や。

雨がふると、「山、くずれんやろか」と、気が気でなかった。

土を運び終わったら、粘土を固《かた》める「土打ち」という、ものすごく力のいる仕事をする。できた瓦を船に運ぶ「仲仕《なかし》*」の仕事をするのも、父さんら村の男たちや。

「父さんも、おっちゃんも、しんどい力仕事ばっかりや」

ふくれっ面《つら》の歌《うた》ちゃんに、父さんはにこにこ笑《わら》いながら、

「どや、かまどの火入れ、見せてもろたろか？　火ぃが燃《も》えて、ものごっつう迫力《はくりょく》あるぞぉ」

と、瓦を焼くところに連《つ》れていってくれた。その瓦工場も、安《やす》い新建材《しんけんざい》*の瓦が出回り、つぶれてしまった。

父さんは日雇《ひやと》いの土木作業《どぼくさぎょう》に行き、母さんも内職《ないしょく》をはじめた。毛糸で編《あ》んだ袖《そで》と身ごろをつなぐ、リンキング*という仕事や。

五年生になって、家庭科でセーターを編《あ》むことになった。

仲仕…港などへ、荷物をかついで運ぶ作業員のこと。

新建材…新しい材料・技術で作った建築材料。それにくわえ、金属屋根材などが、瓦屋根に代わり、需要が高まった。

リンキング…ニット（セーターなど）の製造工程で、編地と編地をかがり合わせること。袖付け、衿付け、脇縫い、前立て付けなどのとき、縫うのではなく、編目を一つひとつ拾ってかがること。専用のミシンがあった。

友だちは、赤やピンクや黄色の毛糸を買ってもらい、もう編みはじめている。けど、歌ちゃんは、「家《うち》に毛糸を買うお金なんかない」のを知っていた。それで、「なんで忘《わす》れたん？」と聞かれへんか、いつもびくびくしていた。

ある日、ぼんやり内職を眺《なが》めているうちに、

「あっ！　あまり毛糸やったら短いけど、いろんな色、いっぱいある。つなげたら、セーターになるかもしれん！」

と、気ぃついた。残《のこ》り毛糸をもらって編みはじめると、楽しくなって、学校から帰るとすぐ、母さんの内職の横で編んだ。

「うーんと、黄色の毛糸に、ピンクを足すと……」

できあがった模様《もよう》は、がけに咲《さ》く花に見えた。次の日は、

「赤に橙《だいだい》に黄色に、それから緑も青も、紫《むらさき》もある！」

それは、がけの上にかかった虹《にじ》になった。その次の日は、

「青に紫に黒」――それは鰯《いわし》がとれる海になった。あと少しや。

「赤に茶《ちゃ》色に黄土《おうど》色、うーん……、瓦を焼く火とまきと土や」

とうとう一カ月おくれで、セーターができあがった。

翌朝《よく》、だれよりも早く学校へいき、職員室《しょくいんしつ》の家庭科の先生の机《つくえ》の上に、新聞紙《しんぶんがみ》で包《つつ》んだセーターを、そっとおいた。

その日の朝は、全校朝礼《ぜんこうちょうれい》。運動場には、一年生から六年生まで並《なら》んでいた。歌《うた》ちゃんは背《せ》が低《ひく》いので、一番前や。

朝礼台にあがった校長先生の手には、あの包みがあった。

「あっ、うちのや!」

歌ちゃんの胸《むね》が、ドキドキと鳴《な》った。

校長先生は、包みからセーターを取り出し、「このセーターを編《あ》んだのは……」と、静かに広げて見せた。

「これを編んだのは、五年生の歌代《うたよ》さんです。

短い毛糸を一本一本、いっしょうけんめいつないで、こんなに素敵《すてき》なセーターが仕上《しあ》がりました。世界一のセーターです」

パチパチパチパチパチ……いっせいに拍手《はくしゅ》がおこった。

顔をあげた歌ちゃんの目に、運動場の向こうの海が、虹色《にじいろ》に光っていた。

被差別部落に伝わる民話うらばなし

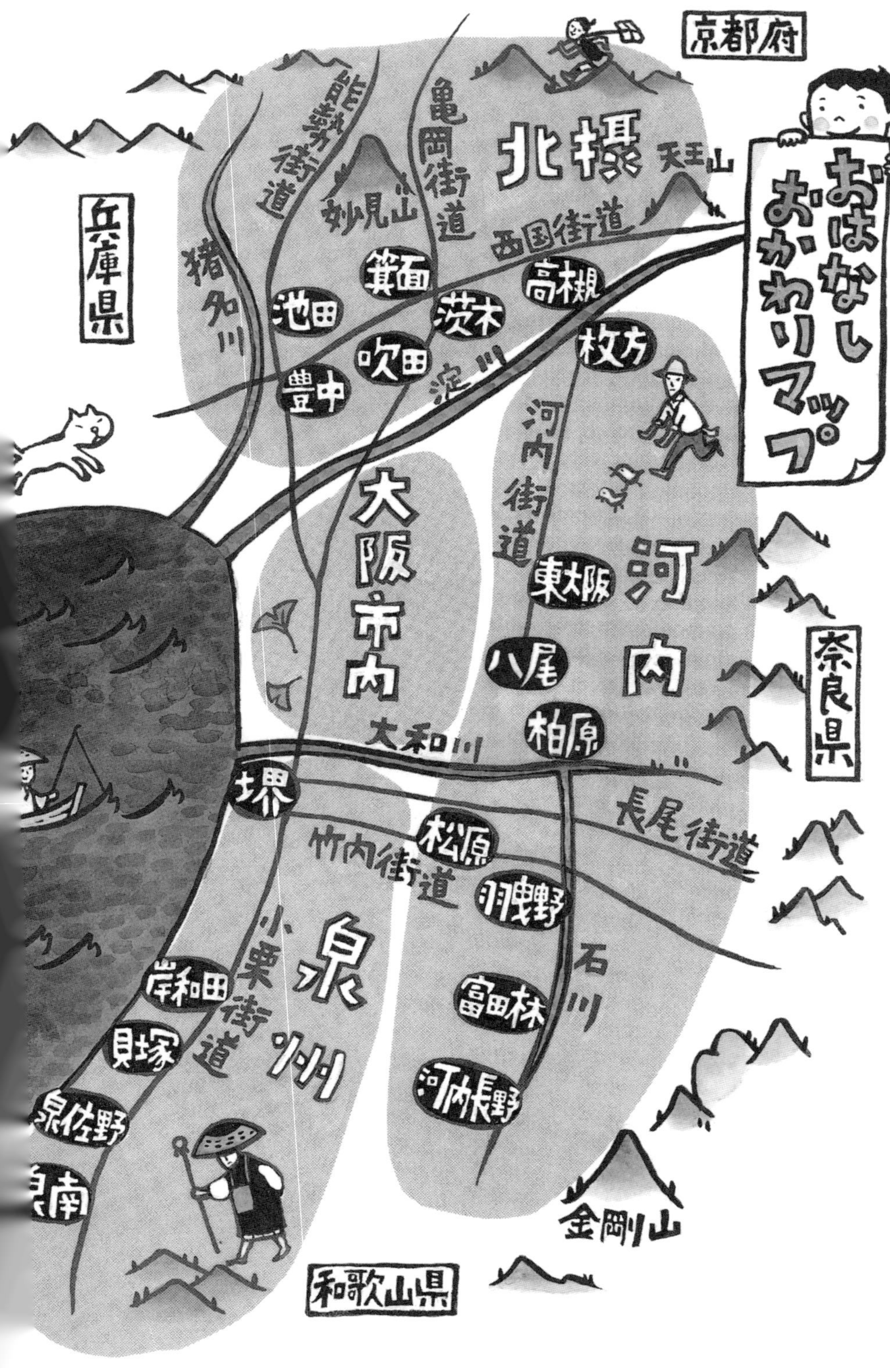

おはなしおかわりマップ
京都府
兵庫県
奈良県
和歌山県
北摂
天王山
妙見山
能勢街道
亀岡街道
西国街道
猪名川
淀川
池田
箕面
茨木
高槻
吹田
豊中
枚方
河内街道
大阪市内
河内
東大阪
八尾
柏原
大和川
堺
長尾街道
竹内街道
松原
羽曳野
石川
富田林
河内長野
泉州
小栗街道
岸和田
貝塚
泉佐野
泉南
金剛山

はじめに

この本では、大阪府内の市町村を、「北摂《ほくせつ》地域」「大阪市内」「北・中・南河内《かわち》地域」「泉州《せんしゅう》地域*」に分けました。

現在の「大阪府」は、一八七一（明治四）年、明治政府がそれまでの「藩」を廃止し、東京・京都・大阪の三府三〇二県とした改革――廃藩置県にはじまります。その後、さらに県の統廃合をくりかえし、今日の一都一道二府四三県の四七都道府県になりました。旧摂津国《せっつのくに》（高槻《たかつき》県、麻田《あさだ》県、大阪府、兵庫県、尼崎《あまがさき》県、三田《さんだ》県の一部）、旧河内国《かわちのくに》（丹南県）、旧和泉国《いずみのくに》（堺《さかい》県、伯太《はかた》県、岸和田県、吉見県）が、大阪府に編入されました。

並行して、府内の「郡」も整理され、旧摂津国のうちの、島上郡・島下郡・豊島郡・能勢《のせ》郡・西《にし》成《なり》郡・東成《ひがしなり》郡・住吉郡は、三島郡・豊能《とよの》郡・西成郡・東成郡に、旧河内国は北河内郡・中河内郡・南河内郡に、旧和泉国は泉北郡・泉南郡の九郡になりました。

「大阪市」は、一八八九（明治二二）年の市制施行《しこう》により大阪市となり、その後、周辺の町村を合併して、一九二五（大正一四）年にはほぼ現在の市域に広がりました。

ここでは、地域ごとのお話の背景にある地理的・自然的条件、歴史的事象、さらには、伝承されてきた行事などから、かつての被差別部落（以下、ムラ）の生活のあらましをみてみましょう。

北摂地域

北摂地域は、旧摂津国のうち、兵庫県と大阪市をのぞく地域です。北に京都府、東に淀川、西に兵庫県、南は大阪市に接しています。地形的には、北に山が連なり、南に淀川の土砂が堆積してできた平野が広がっています。

山間部のムラでは、薪《まき》を伐りだしたり、山採・キノコ採りなどで共同利用する「入会権《いりあいけん》」がありませんでした。炭焼きなどの林業に、農業が細々とおこなわれていましたが、それだけでは生活できないので、材木の運搬や炭焼きなどの山仕事、日雇いの土木作業、冬場は寒天づくり（寒天炊きや寒天干し）に雇われていました。鹿や猪の害もあり、しとめた鹿の皮で冬に着る野良着やパッチなどを作り、暮らしの足しにしていました。

市内から池田を経て妙見山へ結ぶ能勢街道や、丹波から市内に通じる亀岡街道が通り、古来から輸送路に使われ、行商人や芸能を生業《なりわい》とする人びとが大ぜい行き来していました。「隠れ里」のムラには、平家の落ち武者の伝承があり、今も安徳天皇が大切に祀《まつ》られています。

「摂津」と「丹波」の国境《くにざかい》に近いムラでは、むかし、このあたりを治めていた能勢の殿様が、水を引き入れたいために交換で手に入れたのが、このムラの土地だという言い伝えがあります。亀岡では百姓だったのが、ここではなぜかほかの村人から疎《うと》まれるようになったのは、おそらく、能勢の殿様の領地になった時点で、より低い身分にされたのではないかと思われています。今でもムラの農地の八割が亀岡にあり、親せきも亀岡にいるのです。

山間部のムラの行事に、独特な形をしたものがあります。能勢地方で広くおこなわれる「亥《い》の子」(旧暦一〇月の亥の日に、家々を回ってその年の豊作を祝い、その家のますますの繁栄を願う行事)も、そのひとつです。「亥の子やらんか」(本文一〇頁参照、以下同)では、猪の頭《かしら》を作り、年長の子どもが頭を持って獅子舞のように舞い、ほかの子どもは藁束《わらたば》で地面を打つのです。

もうひとつ、四月八日の釈迦《しゃか》の誕生を祝い、天に向かって花を供える、「テントウバナ」(天道花)の風習にも、ある秘密が隠されていました。「十字のテントウバナ」(一九頁)では、子どもたちが山でとってきた色とりどりの花を、先を十字に組んだ長い竿《さお》に差し、家の前に立てかけて、団子を供えます。このあたりはキリシタン大名・高山右近の生誕の地も近くにある土地柄で、先を十字にしたのは、デウスの神を信じた村人が仏教徒に改宗させられた、せめてもの抵抗ではないでしょうか。

平野部にあるムラは、ほとんど二～三反の小作農でした。農業のほかにも、草履《ぞうり》、筵《むしろ》、叺《かます》、畚《ふご》、竹籠《たけかご》などを作り、それらを行商して生計を立てていました。

「卒塔婆《そとば》の子」（三八頁）は、酒米のとれる豊かな地域にありながら、狭く土壌の悪いはずれに追いやられたムラではないかと思われます。江戸時代の怪談集に集録された、傑出した芸人の出生の秘密にまつわる話が元になっています。

京都盆地から大阪平野へ抜ける交通の要衝にあるムラは、近在の高槻で竹の皮のセリが毎月おこなわれ、竹の皮づくりの内職もしていました。「牛どろぼう」（三三頁）は、京都の得意先を回る肥《こえ》買いの話です。

水不足に悩むムラがあるかと思えば、逆に「そうれんみち」（四三頁）は、少しの雨でも水に浸かるムラに伝わる墓地の話です。東と中央に大きな川が流れる市域にあるこのムラでは、近くを流れる川が上流に比べ川幅がたいへん狭くなっており、堤防が崩れやすかったので、雨にあうとすぐに氾濫《はんらん》しました。

大阪城に近いムラでは、皮鞣《かわなめ》し、ホルモンの仲買、肉の行商、博労《ばくろう》などに携わっていましたので、革製品を製造する過程ででる悪臭にくわえ、神道や仏教からくるケガレ意識もあり、露骨な差別がありました。「白いみーさん」（四八頁）は、命を落とした娘さんの実話が元になっています。

大阪市内

大阪市内は、淀川の支流の神崎川と、南に流れる大和《やまと》川に囲まれた平野部です。

古代より、淀川上流の山々から運ばれてくる土砂が大阪湾に堆積して平野が広がっていき、麦、菜種《なたね》、綿などの農作物の栽培に適した土地でした。

京都から流れ下る淀川は、江口付近で分かれて神崎川と淀川になり、毛馬《けま》付近でさらに分かれ、市内を通り大阪湾へ注ぐ旧淀川（大川）と、そのまま西へ流れる中津川になります。

むかしから、神崎川と中津川に挟まれた流域は、たびたび氾濫しました。

江戸初期には、三人の庄屋が中心となり、幕府に排水路の開削を訴願し、費用は農民もちで、大阪湾までの約九キロ、幅二五メートルの「中島大水道」をおおよそ五十日で完成させたといわれています。現在は道路となり、その上の高架を東海道新幹線が通っています。

中島大水道ができたあとも中津川は氾濫をくりかえし、明治後期より、蛇行する部分をまっすぐに付け替える工事がはじまり、約十年をかけて完成させました。それが、広い川幅になった現在の新淀川です。工事の過程で、被差別部落もふくめ、多くの村が移転をさせられましたが、この時の事情を語り伝えたのが「ふるさと『じょう』慕情《ぼじょう》」（五九頁）です。毎年四月三日、じょうの村人は弁当を作って堤防に出かけ、川に沈んだ故郷を懐《なつ》かしんでいました。

そもそも、被差別部落の多くは、河川沿いにありました。
しかし、鞣し、靴製造、靴直しなどに携わってきたあるムラは、五回の強制移転を経て、一七〇〇年代初めに現在の地へ移ってきました。中世末期は大川あたりにあったのが、豊臣秀吉による大坂城の町づくりのため、強制移転させられたのが、そのはじまりでした。近世には、動けなくなった牛馬を処理する権利を持ち、皮革の集散地として皮革関連業で繁栄し、豪商の皮革・太鼓問屋は、大きな邸宅を構えていきました。「西濱《にしはま》の太鼓《たいこ》物語《ものがたり》」（七六頁）にでてくる屋敷は、現在、広い跡地が公園になっています。

このムラはまた、江戸初期は「摂津役人村」といわれ、取り締まりなどの役目にあたっていました。これに関係する話が、大塩平八郎の乱に参集したムラに伝わる「石橋をたたいて渡れ」（六七頁）です。時の権力者に抵抗した側にも、逆に「反乱」を鎮圧する側にも、被差別部落があったということです。

もうひとつ、明治末期から大正中期に成立した、皮革に関連したムラがあります。先のムラの周辺に工場が建設され、明治末期には屠場《とじょう》も作られて、人口が増えたためにできたと考えられています。「ベレー帽《ぼう》のおっちゃん」（八〇頁）も、奈良からこの地へやってきました。

それ以外のムラでは、ほとんど百姓の小作で、草履《ぞうり》、畚《ふご》、筵《むしろ》を作り、青物、薪木《たきぎ》、箒《ほうき》などの行商や、屑《くず》買い、下駄《げた》直し、雪駄《せった》表《おもて》編み、歯ブラシの毛植えなど、さまざまな仕事に就いてきました。「きつねのやいと」（五四頁）、「ごん太地蔵《たじぞう》」（八八頁）、「ええらさんの牛」（九三頁）は、そんな生活が背景にあっての話です。

工場建設が進み、ひどいにおいと火災が起こりやすい危険な黄燐燐寸《おうりんまっち》工場も、地価の安いムラや、ムラの周辺に建てられました。ムラの女性や子どもまでも働き、外貨を獲得するのに利用されました。ムラの近くに建った大きな紡績工場には、ムラの人が雇われることはなかったのです。「ふるさと『じょう』慕情」の主人公が亡くなったのには、そんな事情がありました。

次に、大阪市内の年中行事を紹介します。

ひとつは、「中島音頭《おんど》」がおこなわれていました。

中島音頭は、もともと農作業で歌われていたものが、「中島大水道」開削工事にかかわった北中島郷一帯に広まったといわれています。泉州の「三つの音頭」（一六九頁）は、出稼ぎ先の大阪市内の長柄《ながら》から持ち帰った中島音頭が、「ながら音頭」になったという話です。

もうひとつは、「子どもの提灯《ちょうちん》行列」がおこなわれていました。

「唐臼《からうす》のお地蔵さん」（六三頁）が伝わるムラでは、地蔵盆のときに提灯行列をしました。このムラでは、南東の辰巳《たつみ》、北西の戌亥《いぬい》など、ムラの角に来ると、「提灯かため　ばいちゃかため……」と歌いながら、提灯を高く揚げます。「かわいい子どもたちよ、団結せよ」という意味ではないかといわれています。今は毎年地蔵堂で、子どもたちに地獄絵語りがされています。

「水ふきいちょう」（九七頁）の話が伝わるムラの提灯行列は、一二月一六日の夕方に、子どもたちが豆提灯を持って、「十六せんの祭りや……」と唱えながら家々を回り、紙に包んだ豆をもらいます。火事除けの意味がこめられた地蔵祭りでした。

さらに、「ふるさと『じょう』慕情」（五九頁）のお話が伝わるムラでは、お盆の日に提灯行列がおこなわれていました。夕方になると小さな提灯を持って、「……そんじょさんのお迎えじゃ。お迎えじゃ」と言いながら、ムラの中を歩きました。「尊者さんをお迎えしましょう」、つまり「仏迎え」の意味ではないかといわれています。

河内地域

河内地域は、北・中・南の三つに分けられるほど、南北に長い地域をさします。北は淀川をへだてて北摂と、東は生駒・金剛山地を境に大和と、西は大阪市内と泉州に接し、南は紀伊に接しています。

もともと大和川は、大阪平野を縦断し、大阪城あたりまで流れていました。現在では柏原《かしはら》付近で、南河内を流れてきた石川と合流して、堺に向け西に流れるように付け替えられ、大阪湾に注いでいます。

むかし、大和川流域は、流れがゆるやかに蛇行して土砂が堆積し、川底が高くなるため、大雨のたびに氾濫しました。江戸初期、幕府に対し、今米《いまこめ》村の庄屋・九兵衛《くへい》、父の跡を継いだ甚兵衛《じんべえ》が中心となって河内の村を取りまとめ、付け替え工事の訴えを、何十年も嘆願しつづけました。江戸中期になって工事着工が認められ、延べ二四四万人もの人びとが工事にあたり、約二七四町歩もの田畑が川床に沈みました。もと川が流れていた砂地に移転させられ、一九五五（昭和三〇）年、大阪市に編入したムラに伝わる話が「水ふきいちょう」（九七頁）です。

河内は、砂地に適した作物――菜種、綿などの栽培で発展してきました。ムラは、小作がほとんどで、屑物行商、馬力での運搬、靴直し、草鞋《わらじ》・草履づくり、筵編みなど、さまざまな仕事について生計を立てていました。「ひよこ売り」（一〇七頁）、「おもろいおっちゃん」（一一一頁）は、戦後の物のない時期にも、人びとはたくましく生き延びたという話です。

いくつかのムラでは、部落産業が発達しました。屠畜関連業が盛んなムラや、下駄の鼻緒製造、ブラシの毛植えが盛んなムラもありましたが、いずれも小規模な経営でした。「広い空のもとで」（一一六頁）はブラシの毛植え、「大きなくすのき」（一二三頁）は膠《にかわ》、「炎《ほのお》のごとく 糸若柳子《いとわかりゅうこ》」（一三二頁）は食肉が、おのおの地場産業のムラの話です。

年中行事を紹介します。長いあいだ地域の祭りからしめ出されていたムラが、粘り強い闘いをへて、祭りへの参加を許されたという話は、あちこちにありますが、「大きな狛犬《こまいぬ》」（一〇二頁）は、そのひとつです。

「こんにゃく橋」（一三七頁）が伝わるムラは、柏原で大和川に合流する石川のほとりにある小さなムラです。隣村で作るお酒などを近くの船着き場に運ぶ仕事に雇われた人もいました。江戸時代までの近くの神社との関係ははっきりしませんが、現在では、このムラのだんじりは、しんがりを受け持つ豪壮な宮入りで有名です。

中河内から南河内にかけて小正月におこなう火祭りの行事「トンド」（歳徳）は、正月の注連縄《しめなわ》や門松《かどまつ》を集めて燃やすのですが、「たかおのトンド」（一一九頁）のムラには特長がありました。ここでは、火を点《つ》ける役目の者と火を消す役目の者に分かれ、相争いながら進めるというやり方です。子どもや青年が「トンドの藁《わら》おくれんか」と言いながら、家々から集めてきた注連縄、門松、藁や柴《しば》を松の木や竹を束ねて芯にして縄で縛り、倒れないように組みます。火の点いた藁束を持ってトンドに火を点ける組と、竹などを持って叩き落として回る組とが、点ける消すをくりかえし、最後にはトンドに火を点けるのです。勇壮で迫力があり、見物に多くの人が集まったといいます。

泉州地域

泉州地域は、大阪府の南西部一帯、大和川から南の和泉山地までの地域です。西は大阪湾に面し、東の一部は河内に接し、和泉山脈を越えると和歌山県になります。

山間部の一部は林業、沿岸部は漁業で、堺のような都市もありますが、泉州平野の大部分は、農業が中心でした。ほとんどのムラでは小作農が多く、わずかに田んぼを持っていても水はけが悪く、農業だけでは生活できませんでした。行商、土木作業、草履づくりなどの藁細工や表編みのほか、いろいろな仕事で人びとは生計を立ててきました。

小栗《おぐり》（熊野）街道の南にあるムラでは、藪《やぶ》で覆われた荒地を五百年ものあいだ開墾し、農業用水を確保するために多くのため池を掘り、最近も地下三〇〇メートル下に水源を確保するなど、今にいたるまで農業に未来を託して労苦を後世に伝える記念碑を建てています。このムラには「杓井《しゃくい》戸《ど》に落ちたかみなり」（一六一頁）伝説が伝わり、そのとなりのムラにも同じく「弘法《こうぼう》さまの杓井戸」（一五七頁）伝説が残っています。

最南端の海に近いあるムラでは、漁業権がほとんどなかったため、地引網の手伝いやあおさ、あおのりを採って生活していました。瓦製造が盛んだった地域もあり、ムラの男性の多くが土取り、土打ちなどのきつい力仕事に携わり、窯からスバイ（灰）を掻きだす仕事を子どもたちがしたので「スバイ坊主」と呼ばれていました。「虹色《にじいろ》のセーター」（一七三頁）は、そんな生活のなかで生きてきた、七十代の女性からの聞き取りが元になった話です。

また近くには、清潔な水を手に入れるため、山中にあるため池を広げ、ろ過装置を設置するなど、私財を投げうち上下水道を引いた翁《おきな》の頌徳碑《しょうとくひ》が建つムラもあります。

歴史的な事象とのかかわりで、貝塚以南には一向一揆との関係を示すムラがあります。根来衆《ねごろしゅう》とともに織田信長や豊臣秀吉に抵抗した人びとが、戦乱が治まったのち、住みついたのがはじまりだという言い伝えが残っています。

泉州といえば、だんじりや盆踊りとは切っても切れません。

大坂夏の陣の勝敗を決めた激戦地になり、「祖霊碑」が建てられているムラがあります。戦いで亡くなった人たちの霊を慰めるためでしょうか、櫓《やぐら》の上に大きな太鼓を据え、床板を下駄で踏みならしながら太鼓を打つ、豪快な盆踊り「戦場《せんじょう》の盆踊り」(一六五頁)が伝承されています。この「さんや踊り」と呼ばれ、「寺の門《かど》のざくろ花、一夜《ひとよ》に咲いて二夜《ふたよ》に咲いて三夜《みよ》に咲かなんだ」という歌は独特なもので、音頭が一節ごとに完結する形式です。

このほかにも、泉州地域には三十種類ほどの盆踊りが伝承されており、「ドンデンカッカ」「信太山《しのだやま》盆踊り」「貝塚東《ひがし》踊り」「さんや踊り」「ソーレンサ」「ながら音頭」などがあります。

盆踊りは、日頃の生活の憂さを晴らす場でしたが、「真夜中《まよなか》の盆踊り」(一五二頁)は太鼓は用いず、三味線《しゃみせん》や大正琴、胡弓《こきゅう》などの弦楽器と尺八で囃《はや》す、しめやかな雰囲気の盆踊りです。仮装して踊るのが有名で、見物する人も多く集まり、「大阪府無形民俗文化財」の指定を受けています。

「三つの音頭」(一六九頁)(「ソーレンサ」「江州音頭」「ながら音頭」)のひとつ「ながら音頭」は、奉公先の大阪市内長柄から伝えられたものですが、もともとの中島音頭に磨きをかけ、今では毎年地元の小学生が老人会から習って練習をし、盆踊りに参加しています。

太鼓の「ドンデン」という音のあと、バチで太鼓のふちを叩いてだす「カッカラカッカ」という音から「ドンデンカッカ」といわれる辻踊りを、最近まで伝承してきたムラがあります。残念ながら現在はおこなわれていませんが、「おかん」（一四二頁）の中に登場させました。

以上、四つの地域に分けて特色を述べてきましたが、いずれのムラにも共通するのは、農業が基盤であっても、それだけでは生活できず、多様な仕事に就いてきたということです。たいへん厳しい生活のなかにあっても、「相互扶助」と「知恵」で、たくましくおおらかに生き抜いてきたムラの人びとの姿がお話のなかに見てとれます。

＊

北摂地域——能勢町、豊能町、池田市、箕面市、豊中市、茨木市、高槻市、島本町、吹田市、摂津市

大阪市内——旭区、阿倍野区、生野区、北区、此花区、城東区、住之江区、住吉区、大正区、中央区、鶴見区、天王寺区、浪速区、西区、西成区、西淀川区、東住吉区、東成区、東淀川区、平野区、福島区、港区、都島区、淀川区

北・中・南河内地域——枚方市、交野市、寝屋川市、守口市、門真市、四條畷市、大東市、東大阪市、八尾市、柏原市、松原市、羽曳野市、藤井寺市、太子町、河南町、千早赤阪村、富田林市、大阪狭山市、河内長野市

泉州地域——堺市、和泉市、高石市、泉大津市、忠岡町、岸和田市、貝塚市、熊取町、泉佐野市、田尻町、泉南市、阪南市、岬町

あとがき

私たちは、三年あまりをかけ、大阪府内の各地域に、聞き取りやフィールドワークにまいりました。これらの地域では、快く申し出を受けていただき、貴重な資料をいただくなど、おかげをもちまして、五十話近くお話をおこすことができました。

そのなかから、三十七話にしぼり、ひとつのお話の分量は、短く語りやすいように、歴史的・地理的な背景は解説にまわし、何度も実際に語りながら推敲を重ねてまいりました。

テキストにする際に気をつけた点が、三つあります。

一つは、先々でお話をうかがった方自身の体験や、故人の生きざまからおこした話が、この本では大きな比重を占めています。なにより、差別のなかをしぶとく、おおらかに生き抜いてきた生き方をこそ、伝えたかったからですが、個人が特定されることがないよう、一部の方をのぞいては、すべて仮名にしました。

二つめに、地域名についても、ネット社会を反映した巧妙で悪質な差別がおきている現状から、一見して被差別地域が特定されることのないようにしました。

また、各地域からいただいた資料なども、地域名の特定にあたるおそれがあることから、収載を見合わせました。

三つめに、広くみなさまに読み語り継いでいただきたいとの思いと、言葉だけがひとり歩きすることのないよう、なまなましい差別的な言辞は省くことにいたしました。

この本は、訪れた先々でお話をしてくださったみなさまの熱い思いに背中をおされてできました。また富田林の元市同和教育指導室長太田善照さんをはじめ、伝承文化研究家の乾武俊さん、一般社団法人部落解放・人権研究所歴史部会長の渡辺俊雄さん、歴史学者で大阪人権博物館（リバティ大阪）館長の朝治武さん、郷土史家の宇津木秀甫さん、伝承歌の採譜をされてきた多田恵美子さんなど、多くの方々から貴重なアドバイスをいただき、一般財団法人大阪府人権協会代表理事の村井茂さんの厚いご支援を受けて、やっと発刊にこぎつけることができました。この場を借り、厚くお礼を申し上げます。

今後は、各地で昔話を語っておられる方たちに、このなかのお話を語り継いでいただき、次の世代に、先人の思いをつなげていってほしいと願ってやみません。


被差別部落の昔話制作実行委員会編集委員一同

二〇一六年　初秋

河内水平社創立九〇周年記念『ふるさと探訪 若一の民話 富田むかしばなし』「若一の民話」編集委員会、二〇一二年
『被差別部落の民俗と伝承 大阪―古老からの聞きとり』上・下巻、部落解放・人権研究所、解放出版社、一九九四年、一九九五年
『部落問題・人権事典』部落解放・人権研究所、解放出版社、二〇〇一年
『被差別部落の女と唄 大阪人権歴史資料館調査報告書第一集(本文編)(資料編)』大阪人権歴史資料館、一九九三年
『自選 乾武俊著作集 第二巻 被差別民衆の伝承文化』天地書房、二〇〇四年
『図説 アメリカ軍の日本焦土作戦』太平洋戦争研究会編、河出書房新社、二〇〇三年
『松田喜一 その思想と事業』部落解放同盟・大阪府同和事業促進協議会・大阪市同和事業促進協議会編、部落解放同盟大阪府連合会ほか刊、一九七五年
『逵田良善日記』部落解放・人権研究所、解放出版社、二〇〇一年
『平家物語 ビギナーズクラシックス』角川ソフィア文庫、二〇〇一年
『江戸怪談集(上)』高田衛編・校注、岩波文庫、二〇〇二年
『新修 豊中市史 第2巻 通史2(近代・現代)』豊中市史編さん委員会編刊、二〇一〇年
『百姓普請の中島大水道 大阪市東淀川農業協同組合二十五周年記念事業誌』大阪市東淀川農業協同組合、一九七四年
『伝承文化シリーズ4~5 子守唄・守り子歌:民衆のこころをさぐる/しごとの歌・愛の歌:民衆のこころをさぐる』乾武俊監修・文、大阪府企画調整部同和対策室指導課、一九九五年、一九九六年

被差別部落の昔話制作実行委員会代表
野口道彦（のぐち　みちひこ）
大阪市立大学名誉教授。
編著に、『部落問題のパラダイム転換』（2000年、明石書店）、『共生社会の創造とNPO』（2003年、明石書店、柏木宏との共編）、『部落問題論への招待　資料と解説　第２版』（2006年、解放出版社、寺木伸明との共編）ほか、社会学、部落問題論、共生社会論に関する編著書多数。

絵
岡島礼子（おかじま　れいこ）
絵本作家。挿画家。京都市立芸術大学卒業。2001年、ボローニャ国際絵本原画展入選。
絵本（絵を担当）に、『ゆびきりげんまん　うめばあちゃんのはなし』（2000年、解放出版社）、『おーい、タクヤくん』（2001年、ポプラ社）ほか。さし絵に、『高槻の昔話・わらべうた　おはなしぱんぽ』（2010年、風来舎）、『アニメで読む世界史１〜２』（2011年、2015年、山川出版社）ほか。

被差別部落の昔話制作実行委員会編集委員
朝日悦子　大賀喜子　銹栄美子　齋藤直子　小路君代
谷元摩矢　長尾由利　中村水名子　野口良子

おはなし　おかわり　大阪の被差別部落の民話

2016年10月31日　初版第１刷発行

編著者　被差別部落の昔話制作実行委員会©
絵　　岡島礼子©
発　行　株式会社 解放出版社
〒552-0001　大阪市港区波除4-1-37　HRCビル３F
TEL 06-6581-8542　FAX 06-6581-8552
東京営業所
〒101-0051　千代田区神田神保町2-23　アセンド神保町３F
TEL 03-5213-4771　FAX 03-3230-1600
振替 00900-4-75417　ホームページ http://kaihou-s.com
ブックデザイン　伊原秀夫

印刷・製本　株式会社国際印刷出版研究所

ISBN978-4-7592-5038-1　NDC388 196P 21㎝
定価はカバーに表示しております。落丁・乱丁はおとりかえいたします。